青春文庫

「結果」を出せる人だけがやっている

秘密の「集中法」最強の「休息法」

知的生活追跡班［編］

青春出版社

なぜ、いま集中法と休息法が必要なのか――はじめに

どんな世界にも「あの人はスゴイ!」と一目置かれる人がいる。

ビジネスの世界で、ここぞという時にハイレベルな仕事ができる、スポーツ選手でも「ここで一発、キメれば勝てる」という場面で結果を出す人がいるものだ。

しかも、それが一度ではなく何度もできるのが、スゴイ人の共通点なのだ。そんな彼らに備わっているものとは何なのだろうか。

それは、「集中力」だ。今、自分がやるべきことに一点集中できる人は、外野のヤジや誘惑に気持ちを惑わされることがない。

だから、やり方に迷ったり、ムダに時間を浪費したりすることもない。自分が持てる能力をフルに使い、効率よくやり遂げることができるのだ。つまり、集中力は仕事をするうえでなくてはならないものだし、しかも大きな武器になる。

だが、その集中力を発揮するためには、良質の「休息法」を知ることも大切だ。心を鎮めて司令塔である脳と体の各部位とのつながりをよくし、いざという時に最

高のパフォーマンスを繰り出せるようにしておくのである。

ところが、現代社会はそう簡単に集中や休息ができない環境にある。その原因のひとつが、楽しいコンテンツが豊富に詰まったスマホなどのＩＴ機器である。

仕事中でも勉強をしていても、エンドレスに更新される情報が気になって、つい手を伸ばしてしまうという人も多いはずだ。

だが、そうして頻繁にスマホを手にすることで、1日のうちにいったい何度集中を中断し、休息するための貴重な時間を浪費していることだろう。

そこで本書では、そんな現代人だからこそ取り入れてほしい「集中法」と「休息法」を紹介する。1章は環境編、2章は理論編、そして3章以降は自らをコントロールする実践編になっていて、心を整えるためのノウハウを網羅している。

ぜひ一読して、自分に合った集中法と休息法を身につけていただきたい。

2018年7月

知的生活追跡班

「結果」を出せる人だけがやっている
秘密の「集中法」最強の「休息法」——目次

第1章 現代が「集中」「休息」しにくいこれだけの理由

第2章 「集中」「休息」状態の脳と体 ——〈理論編〉……29

第3章 コンスタントに実力を発揮する ――〈集中編〉

第4章 いつも心身が充実したスタートを切る ――〈休息編〉

第5章

第6章 「ベストコンディション」を取り戻す ――〈休息編〉

第7章 環境によって集中力は損なわれる ――〈集中編〉

第8章 自然と休まる居場所づくり ――〈休息編〉

オビ写真提供　Mike Timo／gettyimages
本文デザイン・DTP　リクリ・デザインワークス
制作　新井イッセー事務所

第1章

現代が「集中」「休息」しにくいこれだけの理由

現代人は集中しにくい環境で生きている

最近、趣味でも仕事でも、時間が経つのを忘れて何時間も没頭したことがあるだろうか。

そういえば、何をするにしても集中力が細切れになっていて、集中が浅いと感じることはないだろうか。

その理由は、あれこれやることがあって忙しいからとか、マルチタスクが当たり前だからなどさまざまあるのかもしれない。

だが、それよりももっと単純で深刻な原因がある。それはＩＴが発達して、ネットサービスが過剰なまでに人の好奇心を刺激していることだ。

アメリカのマイクロソフト社の研究チームによると、ＩＴによる生活の変化によって現代人が暮らす環境は年々集中しにくいものになっているという。

２０００年には12秒間あった人間の集中力の持続時間が、２０１３年には8秒間にまで短くなっていて、なんとこれは金魚よりも集中力が持続しなくなっているというのだ。

いやいや、私はＳＮＳや動画を見ることなら時間を忘れてやっているという人もいるかもしれない。しかしそれは、集中というより〝依存〟である。

人はテレビや動画など一方的に情報が発信されるものについては、何時間でもダラダラと見続けることができる。これは集中力があってもなくてもできることだ。

一方で、仕事や勉強などのように自ら取り組まなければならないことは、ボーッとしていては前に進まない。頭を仕事モード、勉強モードに切り替えて集中することが必要だ。

しかし、今私たちの手元には四六時中、インターネットとつながっているスマホがある。

デスクの上にはパソコンもあり、ネットニュースやＳＮＳ、オンラインゲーム、動画などつい見たくなってしまうコンテンツがそこら中に充実しているのだ。

だから、さあ仕事に集中しようと気持ちを切り替えたとたんにメールやＬＩＮＥが届けば意識はまた仕事から離れる。

また、勉強や読書をしている時にわからないワードを検索しようと開いたつもりが、気がついたらSNSをチェックしていて、ネットニュースも読みふけってしまう。こんな経験をした人も少なくないだろう。

何かしようとするたびにいちいちスマホに中断されてしまうのが現代人の生活なのだ。

さらに、そのせいで「気がつかないうちに」時間が経っていたり、集中力がなくなっていたりしている。

だから、やる気が出てくるまで待とうなどと悠長なことを考えていたら、いつまで経っても何もできないし、何も終わらせることができなくなる。

そこで自ら集中力を発揮して、それを持続させられるように脳をスキルアップさせなければならないというわけだ。

あふれかえる情報にいちいち反応するのは危険

ずいぶん昔の話だが、テレビにリモコンがつくようになってから視聴者が集中してひとつの番組を見ることがなくなったといわれている。

なぜならば、リモコンで簡単に番組を変えられるために番組が面白くなかったり、コマーシャルに入ったりするとチャンネルを次々に変えてしまうからだ。

そして今、さらに便利なＡＩスピーカーなるものが登場した。

話しかけるだけでまるでコンシェルジュのように何でもやってくれるＡＩスピーカーがあれば、そんな気楽な〝切り替え〟がますます生活のあらゆるシーンで起こりそうである。

そうなると、集中できない状況はますます深刻になってしまう。勉強や仕事をしながら、ふと気になったことをスピーカーに話しかけるだけでさまざまなことができるようになるからだ。

「明日の天気はどう？」とか「○○さんにメール送って」と語りかけるだけでそれに応え、自分に代わってやってくれるのだから、この仕事が終わってからやろうなんてことは思わなくなる。何でも同時進行でできてしまうのだ。

しかし、このような集中できない情報過多社会に暮らしていることを「仕方がない」といってその状態のままでいるのはマイナス面が大きい。

集中する機会がなくなってしまうと、思考力が落ちてしまうことが心配されるのだ。

たとえば、ちょっと難解な図形の面積に関する問題があったとしよう。図形の問題は解くのに時間がかかって面倒だが、公式や条件を理解していれば、地道にコツコツ計算していくと答えが導き出せる。

ところが、集中力が途切れると、その問題を十分に理解する前に他のことに気を取られてしまううえ、考えること自体が面倒になってくる。

この問題に限らず、一事が万事この調子だと何もかもが中途半端のままになってしまうのだ。一度、振り返ってみてほしい。何事も中途半端で終わることが多いということに身に覚えはないだろうか。

そうなれば、さまざまな知識からひらめきを得たりできないばかりか発想も貧困になる。仕事の楽しさも心の豊かさも半減してしまうだろう。

「節度を持った人だけが豊かさを感じる」といったのはドイツの詩人ゲーテだが、あふれかえる情報を節操なく享受し、振り回されるのは、脳にとってもけっしていいことではないのだ。

なぜ休日なのに休んだ気になれないのか

一方で、ＩＴ技術の発達は〝脳疲れ〟の一因にもなっている。

特に肉体労働をしたわけでもないのに、１日の終わりにずっしりと全身にのしかかるような疲れを感じるのは脳が疲れているのだ。

特に、デスクワークでほぼ1日中パソコンの画面を見ている人や、スマホにはまっている人は脳の疲労度が高い。

また、実力主義や成果主義一辺倒の会社に勤めていれば、仕事へのプレッシャーもあるだろう。

職場の人間はみんなライバルというようなストレスフルな環境で日々戦っている人は、たとえ仕事にやりがいを感じているとしても、慢性的な緊張状態で脳疲労を起こしてしまうのだ。

そんなお疲れ状態なのにプライベートでも「ＳＮＳ映え」や「リア充アピール」などでプレッシャーを感じていれば脳が休まる時間などない。

そうなると神経が敏感になっていき、深くリラックスすることができない。そのため、しっかり寝ているつもりでも眠りが浅かったり、きちんと休みをとっているのに翌週にまで疲れを残してしまったりすることになるのだ。

また、筋肉痛やだるさといった体の疲労と違って、脳の疲労は気づきにくい。だから、きちんと回復しないまま、さらに疲れを溜めてしまうので、気づいた時には心の病になっていたりすることも珍しくない。

休日になると昼過ぎまで寝てしまったり、気分が晴れず体が重く感じたり、仕事のことが気になって落ち着かないといった自覚があれば、何はさておき脳を休息させることを優先しなければならないのだ。

心身共にいい状態の時は「アルファ波」が出ている

では、脳にとっていい状態とはどんなものなのだろうか。それは「アルファ波」が出ている状態だ。

脳は、大脳の働きにともなって電流を発生させている。これを「脳波」といい、その種類は次のように5つある。

・深く眠って完全に筋肉がゆるんでいる状態「デルタ波（0.4～4ヘルツ）」
・ウトウトした、半分覚せい状態「シータ波（4～8ヘルツ）」
・瞑想している時のようなリラックス状態「アルファ波（8～14ヘルツ）」
・イライラ、ピリピリして身体的に緊張している状態「ベータ波（14～30ヘルツ）」
・極度に緊張したり、興奮状態にあったりする状態「ガンマ波（30ヘルツ以上）」

この中で、心身共に安定した状態の時に発生しているのがアルファ波なのだが、ストレスや情報などの刺激が多い現代社会で、心地よいアルファ波が出る環境に身を置くのは難しい。

心静かにお経を唱えるのが日課の寺の住職などでなければ、ほとんどの人は時間に追われ、大量の情報を浴びながら、1日の大半をベータ波が発生する環境の中で過ごしているのだ。

つまり、体は常に緊張していて、気分はイライラ、神経はピリピリしている状態にある。ちまたにリラックスや癒しをうたった商品やサービスがたくさんあるのもうなずけるだろう。

しかも、ベータ波が発生している時というのは、何かを一生懸命に考えていたりするのだが、残念なことに記憶力は低下している。

どんなに頭を働かせても考えはまとまらず、何かを覚えようとしても記憶に残らないのだ。

たとえば、スピーチを頼まれていたのに準備するのを忘れていて、当日になって必死に原稿を暗記しようとしている時などは、脳内はベータ波で満たされているに違いない。

だから、こんな時にはイライラして焦りながら原稿の内容を頭に叩き込もうとするよりも、ソファに座って目を閉じて深呼吸し、瞑想状態に入って脳の周波数が切り替わるのを静かに待ったほうがいい。

周波数がアルファ波になると、脳細胞が活性化しているのに気分や体はリラックスする。土壇場のケースにはもちろん、仕事や勉強、スポーツでも実力が発揮できる最高の状態になるのだ。

集中しながらリラックスしている状態をめざす

実力を１００パーセント出せるかどうか、そのカギを握っているのは〝心の状態〟だ。人間の心と脳は密接に関係している。だから、深く眠っていて意識が働いていない時は脳波は落ち着いているし、激しく心が乱れれば脳波も高周波になる。

体は脳からの指令によって動いているのだから、心の状態の良し悪しがパフォーマンスに影響するのは当然といえば当然なのだ。

本番で結果を出せるアスリートは、意識は集中しているのに、心は無になっているという最もパフォーマンスが上がる理想の状態に入っているのである。この最もいい精神状態にコントロールするのがうまいので、どんなに緊張感がある大一番でも失敗しない。また、創造性豊かな音楽家や科学者も無の境地に入ることができる。

さまざまなプレッシャーやストレス、そして誘惑の多いテクノロジーに囲まれて生きている私たちも、訓練すれば精神状態を自在にコントロールできる「心」を持つことができるようになるのだ。

第2章

「集中」「休息」状態の脳と体
——〈理論編〉

集中

集中の〝リズム〟を味方につける

テストのために朝から晩まで勉強しようと固く心に決めていたのに、集中力が続かず、ついダラダラと漫画を読んだり、ゴロゴロしたりしてしまう…。

そんな自分で決めたこともできない自分を「意志が弱いダメな人間なんだ」と責めたことがある人は多いのではないだろうか。

だが、安心してほしい。どんなに集中力がある人でも長時間それを持続させることは難しいのだ。

生き物には生まれながらにして〝体内時計〟という時間を測定するシステムを備えているといわれている。

たとえば、眠っている時もこの体内時計に合わせて、深い眠り（ノンレム睡眠）と浅い眠り（レム睡眠）が交互に訪れるというのはよく知られている。

その周期は、ノンレム睡眠が90分間、レム睡眠が20分間で、時間の経過とともに徐々に眠りが浅くなっていく。寝入ってから1時間ほどは物音がしても起きないのに、起きる時間になると目覚ましの音が聞こえるようになるのはこのためだ。

これと同じように、集中力も一定の間隔で上下するリズムを刻んでいるので、一日中持続させようなどというのはとうてい無理な話なのである。

だが逆に、集中力がどのようなリズムを刻んでいるのかを知っていれば、時間を効率よく使って成績や能力をアップすることが期待できるというわけだ。

ちなみに、**集中力が持続する時間も睡眠と同じ90分ほどで、その後20分間は集中力が切れてしまう。**だから、90分間集中したら20分間休憩して、また再開するというタイムスケジュールをつくればいいのだ。

20分間の休憩時間は必ずしもボーッとしている必要はなく、メールチェックなど簡単にできる仕事をしてもいいし、軽く仮眠をとってもいい。

このようなリズムをつくって、1日のうちに3〜4時間集中した時間を持つだけで仕事や勉強、楽器やスポーツの練習にも今まで以上の成果が見られるようになるはずだ。

集中

疲れていたのは体ではなく脳だった

同じ内容の仕事や勉強でも、自分から意欲的に取り組んだ時と、イヤイヤやらされた時とでは疲れに対する感じ方が大きく異なるものだ。

おもしろいと思いながら仕事や勉強をした後はさほど疲れを感じないのに、やらされているという気持ちがある時は疲労感がドッと湧き出てきて、早く横になって体を休めたいと感じる。

なぜこんなにも疲れ方が違うのかというと、それは疲労を感じているのが体ではなく脳だからなのである。

脳の中枢には前帯状回《ぜんたいじょうかい》や視床下部《ししょうかぶ》という、体を正常な状態に保つために自律神経を調整する部分がある。自律神経は、呼吸器や消化器、循環器など生命活動の動きを見守る、いわば生命のコントロール室だ。

しかし、長時間にわたって好きでもない仕事をして強いストレスを感じてしまうと、自律神経のバランスが崩れる。

そこで、その崩れたバランスを元に戻すために**脳が「疲れた」という指令を出して体を休めるよう仕向けている**のだ。体を休めることはストレスから一時的に離れることになるので、その間に自律神経を調整することができるわけである。

同じようにスポーツで体を使った時にも「疲れた」と感じるが、これも筋肉が疲労しているのではなく、自律神経が疲れているから休むよう脳から体に指示を送っているのである。こうして体と脳は連携して疲労を回復しているのだ。

ところが、いわゆるランナーズハイの域まで集中すると、まったく疲れを感じずにいつまでも走っていられるような気分になる。

仕事や勉強もノリにのっている時は、休みなどなくても疲れはいっさい感じない。だからこそ、集中した状態になるといい結果が生み出されるのだ。

ただし、疲れも感じないほど集中しすぎると、体が限界まで疲れていることに気づかなくなってしまう。気づいた時には過労に陥って体が悲鳴を上げている状態になってしまうので、集中のし過ぎにも注意が必要だ。

集中

やり方を工夫する人が集中力と創造性に富むワケ

集中力が足りないと自覚している人は多いだろうが、だからといってあまり気にし過ぎる必要はない。というのも、人間は長時間、集中していられる人のほうが断然少ないからだ。

デスクワークであれば、たとえば午前中2時間、昼をはさんで午後に3時間も集中できれば、かなりマシなほうではないだろうか。特に、食事をして胃に食べ物が入ると、その後の集中力は低下しがちになる。

とはいえ、そんな言い訳が通用するほど世の中は甘くなかったりする。ではどうすればいいか。じつは、集中力はわりと簡単にアップさせることができる。

集中が途切れる最大の原因は「飽きがくる」ことだ。

たとえば、同じ作業を毎日、毎時間続けていると悪い意味でルーティン化してしまい、頭は別のことを考え始めるようになる。そして、その〝ボンヤリ〟によってミスが発生し、ますます作業が嫌になるという悪循環が起こるのだ。

そこで提案したいのは、同じ作業でもやり方のバリエーションを変えてみる訓練をすることだ。

料理を例にとると、朝からずっと長ネギのみじん切りをしていたら誰でも飽きてくる。そこで、同じみじん切りでもどのような方法で切れば最も効率がいいか、探究してみるのだ。

1本すべてに先に切れ目を入れてみじん切りにする、半分に切って2本同時に切る、あるいはみじん切りのチョッパーを使うなど、やり方はいろいろある。

この工夫と実践を積み重ねていけば、いやでも集中力は持続するのである。

ずっと単調な作業に飽き飽きしている人は、これと同じ発想で「より効率的に行うには、どんなやり方があるか」を考えて実践してみるといい。

こうすることで集中力と創造性が磨かれるし、もしかしたら、これまでの作業時間をグッと短縮できるような目からうろこの方法に出会えるかもしれない。大切なのはマンネリに陥らないことなのだ。

集中

「怒り」と「幸せ」ホルモンがやる気と行動を加速させる

仕事が溜まっている時やテストの前などにありがちなのが、「やらなくては！」と気持ちは焦っているのに、どうしても体が動かない、行動が伴わないという状況に陥ってしまうことだ。

なぜ、このように心と体が一致しなくなってしまうのか。それには脳内のホルモンのバランスが関係している。

ピクサーのアニメ映画『インサイド・ヘッド』に登場するキャラクターのように、人の心の中には「ヨロコビ」や「カナシミ」、「ムカムカ」、「イカリ」、「ビビリ」などさまざまな感情がある。

これらの感情をつかさどっているのが脳内で分泌されるホルモンで、その中で集中力と関係しているのはノルアドレナリンとドーパミンだ。

ノルアドレナリンは、身に危険が差し迫った時などストレスに反応して分泌されるホルモンで「怒りのホルモン」ともいわれている。

脳内でノルアドレナリンが分泌されると副腎という臓器でアドレナリンに変化し、それが血中に放出される。

そうなると心拍数や血圧が上がって神経が研ぎ澄まされ、攻撃的になる。〝火事場の馬鹿力〟のように一点に集中する力が高まるのだ。

一方、「幸せのホルモン」といわれるドーパミンが分泌されると、肩の力が抜けて心地よくリラックスした状態になり、脳ものびのびと働くようになる。

ただ、ドーパミンの分泌は長続きせず、欠乏すると無気力になったりやる気をなくしてしまったりするのだ。

つまり、**やる気と行動を伴わせるには、この2つのホルモンがバランスよく分泌されていることが理想**なのだが、現代のようなストレスの多い社会に生きていると、どうしてもノルアドレナリンの分泌ばかりが多くなる傾向にある。

そうなると慢性的にイライラしていて、落ち着いた状態で集中して何かに取り組むのが難しくなってしまうのである。

集中

スポーツが脳を鍛え、集中力がつくという医学的根拠

1日中、デスクワークをしている人の中には「最近疲れているせいか、集中力がなくて…」と悩む人は多い。そんな人にオススメなのが、スポーツをするなど思いきり体を動かしてみることだ。

疲れているのに体を動かすとますます疲れるのではないかと思うかもしれないが、そんなことはない。集中力の低下は運動不足によっても起こるのだ。

脳は心と密接に結びついていて、体とはちょっと別モノのように扱われがちだが、脳も体の一部である。

そのため、体を動かすことによって脳は鍛えられ、それが集中力のキープにも役立つのだ。

たとえば、サッカーやバスケットボールのようなチーム競技をしていると、ドリ

ブルをしながら周囲の動きに目を配り、どこにボールを出せばパスが通りシュートまで持っていけるかを判断しなければならない。

この時、脳の中では後頭部の「視覚野《しかくや》」という部分が働き、そこから受け取った情報に従って「頭頂葉《とうちょうよう》」が空間を認識している。だから、味方に絶妙なパスを繰り出すことができるのだ。

さらに、チームメイトの能力を記憶してコミュニケーションをとるために「側頭葉《そくとうよう》」が働き、疲れて苦しくなってきた時に「もうちょっと頑張れ」と自分を鼓舞しているのは「前頭葉《ぜんとうよう》」の働きによるものだ。

スポーツをしている時というのは、このように脳のあらゆる部分がフルに活動しているのである。

こうして、脳の判断に従って体を動かすことによって各部分とのつながりもよくなる。また、体力もつくため、集中した状態を長時間保つことができるようにもなるのだ。

集中

集中が途切れた時には休むべきか、続けるべきか…

時間がない状況に追い込まれると、いつの間にか猛然と集中力が発揮される時がある。

疲れたな、ちょっと休みたいなという気持ちが頭をよぎっても、一度休憩してしまうとエンジンがかからなくなってダラけてしまいそうだから、たとえ途中で集中力が途切れそうになってもとにかく突っ走るのだ。

ただ、このような切羽詰まった状態でいつも仕事や勉強をしていると弊害も現れてくる。一気に終わらせたことは、長期的な記憶に定着しにくいからだ。

勉強の一夜漬けがまさにそうで、直前に頭に叩き込んだものはその時のテストでは役に立つが、しばらく経つとほとんど忘れてしまう。

そうなるとより多くの知識を蓄積することができないので、知的な思考力が育まれなくなってしまうのだ。

そうならないためには、やはり集中力が途切れた時には少し休憩を入れたほうがいい。

休憩をとることで精神的にリラックスできるのはもちろん、脳内にはタンパク質が生産され、これが神経の伝達をスムーズにするからだ。

やる気を起こさせるドーパミンや心身をリラックスさせるセロトニンといった神経伝達物質は、常に脳内で自動的につくられているのだが、タンパク質が不足すると生産がストップする。

すると集中力が低下して記憶効率も下がってしまう。**「休みたい、でも時間がないから休めない…」と葛藤しながらダラダラと続けるのは、脳にとってもいいことではない**のだ。

たしかに休憩をはさんでリスタートすると、ペースを戻すのにしばらく時間が必要になったりするが、記憶効率を考えるとそうしたほうがメリットは大きい。

何でもギリギリになってから手をつけるのではなく、自分の集中力の持続時間と休憩タイムを考慮して効率よく作業するように心がけよう。

集中

「悩み」が集中力を高める？

ストレスというと、健康な心や体を蝕む病気の原因になる〝悪者〟というイメージで見られることが多いが、集中力を高めるためにはある程度のストレスが必要である。

なぜなら、すでに触れたようにストレスを感じると脳内にノルアドレナリンというホルモンが分泌されて興奮状態になるのだが、このホルモンが思考力をアップさせる役目にもなっているからだ。

たとえば、ふだんは思っていることを口にするのが苦手なのに、理不尽な仕打ちに怒りを感じている時などには、なぜか理路整然とハキハキと自分の考えを主張できたりする。

その勢いたるや、いつものしどろもどろな「あの人」はどこにいったのだろうかと思えるほどだ。

これは、ストレス反応によって集中力が増し、思考能力がアップしているからだ。それによって、自分の持てる力がすべて発揮されているのである。

だから、集中力を高めるためには自分自身に「いいストレス」を与えるようにするといい。

いいストレスとは、たとえば新しい仕事を軌道に乗せるためにどうすればいいのだろうかと試行錯誤したり、問題解決のために最もいい方法を追い求めたりといった〝悩み〟だ。

このような悩みを抱え続けるのはストレスではあるが、**前向きな悩みなので脳は興奮する。すると聴覚や視覚、触覚などの五感が敏感になり、集中力が増していくのだ。**

ちなみに、受け入れられない理不尽な行動を求められたり、ありえないことを強いられたりする時に感じる重圧は「悪いストレス」だ。

このストレスにずっとさらされていると、心身の不調の原因になるので上手に発散しなくてはならない。

集中

本番に強い人は視野の広さが違う

「本番に強い人」と「本番に弱い人」の違いはどこにあるのだろうか。

どちらも本番までは万全に準備をしているはずなのに、1人は本番でしっかりと本領を発揮でき、もう1人は本番で萎縮して失敗してしまう。

この差がどこから生じるかというと、本番に強い人はあれこれと細かいことに惑わされず、本番に向けて意識を集中させていくことがうまい。

一方で、本番に弱い人は「万が一、こういう事態になったらどうしよう」「もし失敗したら…」などと、本番前に考えなくてもいいようなことを次々と思い巡らせてしまい、本番に向けてうまく意識を集中できない人が多いのだ。

では、自分が培ってきた実力をいかんなく発揮するために、どうすれば本番前の緊張を集中力へとうまく転化することができるのか。

簡単な方法のひとつは、空を見上げることである。

「たったそれだけ!?」と拍子抜けする人もいるだろうが、これが思いのほか効果的だ。

というのも、人は緊張や不安を抱えている状態では、思考がどんどんマイナスの方向に流れていく傾向がある。本番直前の張りつめた雰囲気の中で、自分自身で余計な心配を膨らませてしまうのだ。

こうなると本番で十分に実力を発揮できなくなる。しかし、どこまでも続く広い空を見ることで余計な心配にとらわれていた気持ちが解放されるのだ。

また、今まで狭くなっていた視野が広がり、これからの本番に向けて俯瞰して自分の状況を見られるきっかけになる。

つまり、**意識的に空を見上げることでマイナス思考への流れをいったん遮断し、落ち着いた気持ちを取り戻して本番へ意識を集中することができる**わけだ。

この方法のいい点はどこにいてもできるということである。空はどこにでも広がっている。室内にいる場合には、窓がある場所に移動してほんの少しの間、空を眺めてみることだ。そんな余裕を持つことが本番前には大切なのである。

集中

本番に弱い人にありがちな目標設定ミス

前述したように事前にしっかりと準備をしているのに、いざ本番となるとうまくいかない人がいる。

いわゆる〝本番に弱いタイプ〟なのだが、このような人に陥りがちなのが「目標の設定ミス」というワナだ。

本番に弱い人に多いのが、夢と目標をはき違えてしまうことだ。だからか、目標は高ければ高いほどいいと思っていたりする。

そのため、たとえば今まで勉強してこなかった人がいきなり「東大に合格する！」などというような、それはさすがに無理だろうという高い目標を掲げてしまう。

しかし、**実力よりもはるか高いところに目標を設定した場合、どうすれば達成できるのかその手段がよくわからない。そうなると集中力を一点に絞ることができず、**

どうしても行動する時のピントがずれてしまう。

目標とするレベルの設定を間違えると、その目標にしっかりとフォーカスできないまま本番を迎えてしまうことになるのである。

さらに、そもそも高すぎる目標は達成できない可能性のほうが圧倒的に高い。すると、自信を失ってやる気をなくし、挙句の果てには自己否定をしてしまうという悪循環にまで陥ってしまうのだ。

一方で、本番で結果を出せる人というのは、小さな目標をクリアするということを確実に積み重ねている。

今の自分が少しがんばれば達成できる目標を設定して、クリアしたらさらに次の目標を更新していくという方法をとっている。これは日米の野球界で大活躍しているイチロー選手が実践してきたやり方だ。

この方法だと、めざすところはいつも小さな一点に絞られていて、やるべきことが明確になっている。

だからこそ、ここぞという局面でしっかりと思いを込めて行動することができ、本番で集中力を高められる。持てる力をしっかりと出し切ることができるのだ。

集中

振る舞いで脳が騙される

失敗した時は誰でも落ち込むものだが、その後の気持ちの切り替え方は人によって異なる。涙が枯れるまでとことん泣き続ける人、買い物で発散する人、ヤケ酒やヤケ食いでうっぷんを晴らす人、ひたすら誰かに話を聞いてもらうことで気持ちを整理する人など、じつにさまざまだ。

そんななか「一度や二度の失敗なんてたいしたことじゃない。さっさと次へいこう」と強がって、あえて何事もなかったかのように明るくふるまう人もいるだろう。

これを痛々しいと思うなかれ、じつはこうした振る舞いはそれなりに理にかなっている。**平気なフリをしていると、本当にその通りになるという一面が人間の心理にはある**のだ。

自己啓発やコミュニケーション術などで有名なアメリカの作家デール・カーネギ

ーは、次のようなことを語っている。

「楽しそうにふるまっていると、いつか本当に楽しくなる。物事に熱中するにはこの手に限る」

たとえば、元気が出るよと渡されたエナジードリンクを飲むと、本当に元気が出たような気になるが、そのドリンクの特別な成分によるものというより、気の持ちようだったりすることもある。

これは偽薬効果とも呼ばれる「プラシーボ効果」と同じ理屈だ。偽の薬であっても「よく効く」と思って飲めば、不思議と本当に効果が出るというものである。

苦手なことを「面白い」と思い込むのは、この効果を引き出すための、いわば暗示のようなものなのだ。

どんなにキツイ仕事でも、憂鬱な会議でも「面白くてたまらない！」という態度で臨めば、しだいに脳が騙されてくれる。もちろん、カラ元気ではしゃぎ回れということではなく、その仕事の面白い面を探すというスタンスで臨むことでこの効果は生まれる。そして、チラッとでも「面白いかも？」と感じ始めればしめたもの。面白いものには誰だって否応なしに集中できるのだ。

集中

テンポのいい会話が集中にむかうワケ

1人で考えているとなかなかいいアイデアが浮かばないのに、誰かと意見を交換しながらだとさまざまなアイデアが湧き出てくるものだ。

「たしかに、そういう見方もあるよね」

「じゃあ、こんなのは？」

「それいいね。でも、こういうのもあるよ」

などと数分間、言葉のやりとりをしただけなのに、自分がやっている仕事の方向性がはっきりと見えてきたという経験がある人もいるだろう。

これは、1人きりで悩みながら凝り固まってしまった考えが、人と話をすることで柔軟になるということも理由のひとつだが、それよりも脳が情報の「受信」と「発信」を繰り返すことで集中力が飛躍的に高まったことの効果のほうが大きい。

会話はよくキャッチボールだといわれるが、相手が投げてきたボールをうまく投げ返すために、会話をしている時は脳の中でテンポよく情報の受信と発信が行われている。

この**受発信を何度も何度も、しかも短時間のうちに繰り返すことで一気に集中力が高まっていく**のだ。

もちろん、話している時にキャッチしている情報は相手が発している内容だけではない。

相手の表情や言い回しの微妙な変化、しぐさ、声の大きさやトーン、周囲の空気感などじつに多くの情報を一度に受け取っている。

脳はそれらの情報を素早く処理したうえで、最もマッチした内容を発信しようと働くのだから、意識はどんどん研ぎ澄まされていくのである。

こうして会話のキャッチボール状態に入った時の集中度は、１人でぼんやりと考えている時に比べると雲泥の差だ。

〝三人寄れば文殊の知恵〟ではないが、１人より２人、２人より３人のほうがチーム力のおかげでいいアイデアを出すことができるのである。

休息

無意識に入っているムダな力が疲労を生む

激しい運動をしたり、重い荷物を持ったりなど、何か体に負荷がかかるような特別なことをしたわけでもないのに体が疲れている——。

このような時は、**知らず知らずのうちに体にムダな力が入っていて疲労が蓄積している可能性がある。**

人間の体は、自分では力を抜いているつもりでも、じつは意識に上がってこないところで勝手に筋肉が緊張していることがあるのだ。

だから、肩や首、腰が痛いからといってその部分をマッサージしたり、薬を使ったりしても多少痛みが和らぐだけで根本的な解決にはならない。

この意識に上がらない緊張をゆるめるためには、まず自分の体が緊張していることに気づく必要がある。

緊張していることに比較的気づきやすいのが肩や首筋の筋肉だが、その反面、あまり気づかないのが眼や口のまわりなど顔の筋肉だ。

たとえば、夜に寝つきが悪い時は、無意識のうちに顔に力が入っていて、あごの筋肉が緊張していたり、眉間にしわが寄っていたりする。

それに気づいてわざと口をポカンと開けてみたり、眼が半開きになるくらい脱力してみたりすると、驚くほど簡単に眠ることができるのだ。

また、肩や首、胸のあたりが緊張していると、呼吸もしづらくなってしまう。そういう時には、肩にギュッと力を入れて耳に近づけるようにして持ち上げ、そのまま10秒ほどキープしたあと一気に脱力する。

この時、じんわりと力が抜けていくのを感じることで余計な力を抜くことができるのだ。

四六時中、体にムダな力が入っていると、筋肉のエネルギーを浪費して疲れを溜めてしまうことになる。

まず、体のどこが緊張しているかに気づいて自発的にゆるめれば、大きなリラクゼーション効果や疲労回復効果が得られるのである。

休息

緊張している人に「深呼吸して」は逆効果

「肩の力を抜いて、ゆっくりと深呼吸して」

緊張している人がいると、こう声をかける人は多いのではないだろうか。しかし、緊張している時に深呼吸をするのは、じつは逆効果でしかないという。

人はプレッシャーを感じたりすると極度に緊張するものだが、そういう時はたしかに肩に力が入って、呼吸が浅く息苦しくなる。だから深呼吸するように声をかけるのは理にかなっているような気もする。

しかし、じつは「深呼吸しなくては」と思うと、交感神経を刺激してしまうので逆効果になるのだ。

交感神経とは自律神経系を構成する神経のひとつで、緊張すると活発に働き出す。また、逆にリラックスしている時には副交感神経が働いて、疲れた心身を回復させせる役目を担っている。

つまり、**「深呼吸をしなくては」と思うと「緊張している」ということを自覚することになってしまい、**それがストレスになってますます交感神経の働きを活発にしてしまうのだ。

では、どうすれば強い緊張感を解くことができるのか。それには、副交感神経の働きをよくすればいい。

交感神経と副交感神経はシーソーのようにバランスを取り合っているので、副交感神経が働けば緊張をほぐすことができる。そのためには、まず緊張の原因となっていることとまったく関係のないものに意識を向けてみるといい。

たとえば、大勢の前でスピーチしなくてはならない時などは、ギリギリまで原稿を読み返したりせず、会場の壁にかかっている時計を細部まで観察してみるのだ。

「丸い形のアナログタイプで、長針と短針は黒色だが、秒針は赤色で、メーカーは…」などとじっと見ていると、今まで血液が大量に流れ込んでドクドク音がしていた心臓が落ち着き、イヤな汗も引いてくる。

そうなると交感神経の働きが鈍くなってきた兆しなのである。

休息

どんなときでもメンタルを前向きにする二つのリラックス法

リラックスするというと、温泉やマッサージなどのイメージと結びつけられることが多いが、本質的な意味としては「心と体の緊張が解けた状態」のことをいう。だから、必ずしもソファやベッドに横になっていなくても、たとえば動いていてもリラックス状態に入ることはできる。

マッサージや昼寝など疲労回復のためのリラックスが「静的なリラックス」なら、後者はいわば「動的なリラックス」といえるだろう。

たとえば、スポーツ選手が本番でいいパフォーマンスを見せる時は、リラックスした状態にある。体にムダな力が入っておらず動きがしなやかでメンタルも落ち着いているため、変にアツくなったりすることがない。この時、選手の手足は温かく、頭はすっきりとした状態になっているという。

逆にガチガチに緊張したままゲームに入ってしまうとムダな力が入っているので体の動きがぎこちなく、ミスが多くなる。ケガをするのもこういう時だ。

また、スポーツ選手だけでなく、歌手も舞台であがってしまうと喉のあたりが詰まった感じになり高音が出なくなったり、声がひっくり返ったりしてしまうが、動的なリラックス状態に入ることで、音域が広がって声の伸びがよくなる。

このように**活動しながらリラックスしている時は、同時に深く集中もしていて、とてつもなく「楽しい！」という気分になる**のだ。

このような動的なリラックスの状態に入る方法は人によって異なるため、何をすれば心身の緊張が解けるのか、まずはそのコツをつかむことだ。

たとえば、シドニー五輪の女子マラソンで金メダルを獲った高橋尚子選手は本番直前までノリのいい音楽を聴いていたという。ほかにも、お茶を飲んだり、瞑想したりという方法もある。

緊張していると末端の血管が収縮して手足が冷たくなるが、緊張が解けてくると血管が広がって血流がよくなり、爪先が温かくなってくる。それがリラックスのサインだ。そうなったら、緊張状態を楽しめるようになっているはずだ。

休息

ストレスをため込む人ほど休息法をしてない理由

満員電車に苦手な上司、時間に追われる仕事、終わりのないルーティンワーク、人間関係の悩みなど、誰もが多かれ少なかれストレスを感じながら生活している。

そんな疲れた人々を癒すために、アロマにスイーツ、抱き枕などさまざまな癒しグッズが人気だが、じつはより強くストレスを感じている人ほどあまり積極的に休息行動を起こしていないことがわかっている。

その理由は、一時的に癒されたからといって問題が解決するわけではないと考えているからだ。

ストレスの原因となっていることに思考が支配されていて、それをどうやって解決するかが最優先課題であり、リラクゼーションは単なる一時的な現実逃避と考えてしまうのだ。

たしかにそれはそうなのだが、しかし、問題解決を先送りにしながらでもリラックスすることを最優先すると思いがけない効果がある。

強くストレスを感じている時は、仕事をしていても、食事をしていても、寝ている時でも神経が休まらず、ストレスの原因になっていることばかりを考えてしまう。いわば、ストレスのかかる状況にどっぷりと浸っている状態だ。

だが、それと真逆の**リラックスした状態に身を置くと、たとえ一時的であっても不快に感じていることから距離を置くことができる。**

すると、なぜそれほどまでに不快なのか、何がそこまで自分を不快にさせているのか…などと、問題を客観的に見られるようになる。そうすれば視野が広まっていき、問題解決のための別のアプローチも見えてくるのだ。

ポイントは、中途半端に休息したり発散したりするのではなく、リラクゼーションすることに身も心も浸りきることだ。

マッサージやドライブ、映画、温泉など、とにかくピンと張り詰めた神経をゆるめられることを見つけて、不快なことを完全シャットアウトする時間をつくることから始めてみるといい。

休息

〝怒り〟の持続時間6秒を逆手にとる

怒りを感じていると脳や体に大きな負荷を与えてしまい疲労に繋がっていく。とはいっても、家族や友人、会社の同僚や上司などに対して一度も怒りを感じないで過ごすことは簡単ではない。一時の感情にまかせてつい言い過ぎたり、やり過ぎたりしてしまい、いわゆる〝行き違い〟が起こることはよくある話だ。

人間にとって怒りがごく自然な感情である以上、まずは「怒る自分」というのを受け入れる必要がある。

特に、日頃から何かと腹を立てることが多いと自覚をしているのなら、まず自分の怒りっぽさを潔く認めてしまおう。そこから目を反らしていると、自分の中の理性と感情の矛盾にストレスが増大し、より怒りを感じやすい精神状況に陥ってしまうのだ。ふだんから自分は怒りっぽいと認めていれば、相手に怒りを感じた時に「でも、私は怒りっぽいから」という冷静な判断がしやすくなる。

「そっちが悪い！」と一方的に相手を責めてエキサイトしてしまうとなかなか感情を抑えられないが、自分にも悪いところがあると自覚することで怒りをコントロールするのが簡単になるのだ。

さらに覚えておきたいのが、本来怒りの感情は長続きしないもので、パッと盛り上がって消えていく性質があるということだ。つまり、瞬間的な感情のピークをやり過ごすことができれば、怒りをコントロールすることはたやすくなる。

「アンガーマネジメント」という心理療法の考え方では、**怒りのピークが持続するのは6秒間**だという。

つまり、カッときたらそのままの勢いで言葉を返すのではなく、まず6秒間こらえることで怒りのあまりに行動を誤るリスクが減らせるのである。

さまざまな感情を抱くのは人間の特権である一方で、ちょっとした感情の行き違いが、人間関係に取り返しのつかない亀裂が入ってしまうこともある。まず自分の感情を受け入れて冷静な判断力を保つことが人間関係をスムーズにし、何よりストレスから解放されるための最善策なのである。

休息

ネガティブな人ほど酸素不足になっていた

起きている時も寝ている時も、誰もが無意識に呼吸をして体内に酸素を送っている。その回数は1日に2万回以上にもなるという。

ところが、ストレスを感じることの多い現代人は自律神経のひとつである交感神経の働きが強く、呼吸が浅くなっている。

また、長時間のパソコン作業で姿勢が前かがみになっていたり、息を口で吸ったり吐いたりする口呼吸の人など、体の隅々にまで酸素が行き渡っていない人が多いのだ。

そこで、十分な酸素を体内に取り込むために、しっかりとお腹を膨らませて呼吸する「腹式呼吸」を取り入れるといい。

鼻から空気を吸って下腹部を膨らませたら、口からゆっくりと息を吐く。ゆっくりと大きく息を吸ったり吐いたりを何度か繰り返すうちに心が落ち着き始めるのがわかるはずだ。

この時、体の中では心拍数が低くなり、血圧が下がり、さらには血行がよくなるという変化が起きている。

これは血液中にたくさんの酸素が送り込まれたことで副交感神経が刺激され、リラクゼーション反応が起きているという証拠なのだ。

また、腹式呼吸をすることで、脳内物質のセロトニンが大量に分泌されるために穏やかな気持ちになったり、体内の老廃物も効率よく排出されたりするようになる。体が温まるため、免疫力もアップするのだ。

仕事中に頭がボーッとして考えがまとまらなかったり、ネガティブな考えばかりが浮かんできたりする時などは、酸素不足になっていることも考えられる。

そんな時には、背筋を伸ばして座り、お腹が十分に膨らんだりへこんだりしていることを意識しながら、数分間ゆっくりと腹式呼吸を行ってみるといい。

呼吸をコントロールすることで、自分で緊張状態からリラックスした状態に心身を切り替えられるようになるのだ。

休息

筋肉のこわばりを消すコツは「力む・感じる・記憶する」

何か不安を抱えていたりして精神的に緊張している時は、体のあちこちにもその緊張が表れる。肩や首筋、手足などがこわばった状態になり、顔の表情まで引きつってしまうものだ。

そんなカチコチの状態になった時には、マッサージなどで筋肉をゆるめようとするよりも、むしろ全身にグッと力を込めてみるといい。

緊張しているのに、さらに筋肉を緊張させるのは逆効果のような気がするが、全身に力を入れた状態から脱力すると、力んだ反動でより緊張のゆるみが大きくなるのだ。

これは、手を冷たい水に浸けて冷やした後に湯の入ったバケツに手を入れると、手がジンジンするほど温まるのと同じ原理で、反動が大きいほど体は大きく反応するのである。

だから、緊張している時にはグッと力んで、パッと力を抜くことを繰り返す。

そしてこの時、目を閉じて体が発している声に耳を傾け、どこにどのような変化が起きているかをしっかりと感じることも大切だ。

手足が温まってきた、体が軽くなってきた、頭の重みを感じなくなったなどの変化に意識を集中することで、瞑想している時のような完全なリラックス状態に入ることができるのだ。

これは、仕事などで疲れているのに神経が休まらず、いっこうに眠れない時にも効果がある。

横たわったままで全身にグッと力を入れてしばらくキープしたら、一気に力を抜いて、力が抜けたことを感じる。これを何度か繰り返すと、しだいに神経が休まってくることがわかるだろう。

そして、緊張がとれた時の感覚をしっかりと記憶しておくようにしたい。**この感覚を覚えておくと、うまくリラックスした状態を再現できる**ようになり、慢性的な緊張を軽減できるようにもなるのだ。

休息

「ゆるむ」と「ゆるめる」が凝り固まった心と体をほぐす

世の中には緊張しやすい人と、そうでない人がいる。

オリンピックで金メダルを獲るような一流のアスリートの中にも、試合ではいつも緊張に押しつぶされそうになるという人もいれば、今までどんな大きな大会に出ても一度も緊張したことがなく平常心でいられるという人もいる。

この差はいったいどこからくるのだろうか。

じつは、そんな招かれざる「緊張」で凝り固まった心と体を生み出しているのは自分自身なのである。

たとえば、緊張しやすい人は新しい刺激に弱い側面がある。何かいつもと違ったことをしなくてはならなくなったり、慣れていない環境に身を置くことになったりしただけで体のあちこちに必要以上に力が入ってしまうのだ。

すると、その緊張が体にダイレクトに表れて表情がかたくなったり、肩や首、背中などがこわばったりしてくる。また、体調にも異変が起こり、胃が痛くなったり、腹の調子が悪くなってしまう人もいる。

そうなると、マッサージを受けたり、薬を服用したりして一時的にはよくなるのだが、それでは根本的な解決にはならない。「そんなことは自分でもわかっている」のも辛いところである。

そこで、**単に体のこわばりをとることが目的であれば、睡眠をとるのが一番だ。深く眠ることで、体の力が抜けてリラックスすることができる。**

これは、いわば心も体も不必要な緊張感から解き放たれて「ゆるむ」という状態になるということだ。

だが、単に体が緊張しているだけならいいが、緊張の原因が精神的なもので、しかもそれが慢性化しているとなると睡眠さえ満足にとれなくなってしまう。

眠りが浅く、長時間ベッドに横たわっていても疲れがとれない状態に陥ってしまう人もいるだろう。

そんな状態を解消するために知っておきたいのが、体の痛みなどから**自分が緊張**

していることを自覚し、自ら意識的に心身を「ゆるめる」という方法だ。

たとえば、ストレッチ体操をして凝り固まった体をほぐす時には、今自分の体のどの筋が伸びているのかを意識するといい。

また、リラックス効果があるハーブティなどの飲み物などを飲んだり、アロマの香りを嗅いだりする場合でも、脳の中の緊張している部分がほぐれていくことをしっかりと意識するのが大切なのだ。

つまり、自分が主体的にかつ積極的にリラックスすることでよけいな緊張を少しでも「ゆるめる」ことができるのである。

上手に自分でゆるめることができるようになれば、深い睡眠による「ゆるみ」の効果を最大限に得ることができるはずだ。

第3章

コンスタントに実力を発揮する

――〈集中編〉

集中

「気分がいい」という自己暗示法

なんとなく落ち込んで気分が乗らない時、家族や友人から「何事も気の持ちようだよ」などといった言葉をかけられたことはないだろうか。

一見、無責任なアドバイスのように感じるが、じつはあながちマト外れでもない。やる気も意欲も、結局は「気の持ちよう」というのは正しいのだ。

人間の行動は、自分たちが思っている以上にメンタルに左右される。

たとえば、性格的にネガティブな人が「嫌な予感がする」「失敗しそうだ」と思い込むと、本当に失敗してしまうことはよくある。これは一種の自己暗示だ。

であれば、もちろんその逆もしかりで「うまくいくに違いない」「いい予感しかしない」と思い込むだけで、物事がすんなり運んだりする。

もちろん、どんなケースでもこの方法が当てはまるわけではないが、いざという時の結果を左右するのは、やはり精神的な部分が大きいのは間違いないだろう。

それを踏まえると、**落ち込んでいる時には、あえて「今日は気分がいい」と念じてみる**といい。なおかつ、実際に自分の気分がよくなる行動をとればより効果的だ。好物を食べる、体を動かす、映画を観る、大声で歌う…。内容は人によってさまざまだが、こうした行動によって気分がよくなると、脳からはドーパミンが出てますます快感を得るようになる。

このドーパミンは、別名「やる気物質」「快感ホルモン」などと呼ばれるものだ。つまり、このドーパミンが分泌されればされるほど意欲的になれるというわけである。

ちなみに、適度なドキドキ感はエンドルフィンが分泌され、アルファ波が出るためリラックスする。ただし、興奮しすぎるとアドレナリンが出るが、こちらはスポーツの試合などではいい方向に作用することはあってもそれ以外ではストレスの元になる。

また、他人に対しても攻撃的になるので、「誰でもかかってこい！」ではなく、あくまで「気分がいい」レベルの自己暗示にとどめておこう。

集中

長時間集中の秘訣は「短時間の集中」を繰り返すこと

長時間は集中力が続かない、何かに取り組んでもすぐに気がそれてやる気がなくなってしまう…。そんな悩みを抱える人は多いだろう。

しかし、集中力が持続しないのは仕方のないことでもある。なぜなら、前述のように人の脳はひとつのことに長時間集中できないようになっているからだ。

原始時代、人は野生の脅威から身を守るために、常に注意を払わなくてはいけなかった。何かひとつのことに長時間集中していては命の危険があったのだ。そうした時代もあって、人の集中力はそれほど長くは続かないものなのである。

では、長時間、高い集中力を保っているように見える人たちはいったい何が違うのか。じつは、彼らをよく観察してみると「短時間の集中」をうまく繰り返している場合が多い。

2～3時間続けて何かに集中しているように見えて、15～30分に一度は適度な休憩時間を持ち、休憩後に再び短時間の集中状態に入る。これを効率よく繰り返しているのである。

だから、**「今日こそ3時間勉強するぞ！」なんて高いハードルを設けずに、「まず15分でこのページまで終わらせよう」と短時間の区切りをつけてタスクに取りかかることだ。**

15～30分なら集中力も続くはずだ。ポイントは、決まった時間がきたらきっぱりと作業を中断して休憩を入れること。「まだやれる」「区切りが悪い」とダラダラ続けてしまうと、結局はモチベーションが下がっていくことになる。

「あのページまでやりたかった」というやる気や意欲が残っているうちに時間を区切ってしまうことで、休憩を挟んだあとも「よし！　さっきの続きをやるぞ！」と張り切って取り組めるのである。

また、時間を短く区切ると人は効率よく作業を進めようと頑張るものだ。ムダな作業を省いたり、考え方の回り道をしたりしないので、短時間でもクオリティの高い仕事をこなせるのである。

集中

オリジナル・ルーティンは武器になる

どんなに集中していても、ちょっとしたことで気が散ってしまうのは仕方のないことだ。

特に取引先からかかってくる打ち合わせの電話や、不意の訪問客など、外的要因の場合は避けようがない。問題はそのあとに、再度集中することができるかどうかである。

そんな時のために、気分転換をかねて再度集中できる〝ルーティン〟を決めておくのも効果的だ。

スポーツ選手がプレイの前に自分の決めたルーティンを行って集中力を高めるのはよく知られた話である。

世界的なテニスプレイヤーのラファエル・ナダル選手は、サーブの前に鼻やユニフォームなどを決まった順番で一通り触ってから打つことで知られている。そうすることで、心の乱れを整えて集中力を高めているのだという。

これにならって、何かの拍子に集中が途切れたら、もう一度集中するための「オリジナル・ルーティン」を考えてみよう。

たとえば、ストレッチをして体をほぐす、好きな音楽を1曲かける、テイクアウトのコーヒーを買いに行くなど、なんでもいい。

こうした行動は、リセット効果もあるし、「さてやるぞ！」というスイッチ代わりにもなる。もちろん気分転換やリラックスの意味もあるので、習慣にしやすい行動を選ぶといい。

メンタルに緩急をつけるのは難しいが、行動で緩急をつけるのは容易なはずだ。「こうすれば自然と集中する」という法則を自分の中で生み出しておこう。

それでもリセットできない時は、無理に続けずにいっそのことその日は作業をやめてしまうというのもひとつの選択だ。

集中力が落ちているなかで続けていても効率は上がらない。まして、しなくていいミスを引き起こしたりしたら元も子もないだろう。

集中

いざ！　という時の「一点集中トレーニング」

「目は口ほどにものを言う」というが、人間の心理は驚くほど目に表れる。

たとえば、ウソを問いただされた時に、キョロキョロと視線が泳いでしまうのは焦りや動揺が目に表れているからである。

その反対に、落ち着いている時の視線は定まっているし、やる気に満ちている時は眼光も鋭いものだ。

このように意識は思っている以上に目に影響を与えているが、このことを逆に利用して集中力を高めようという方法が「一点集中トレーニング」である。

やり方はいたってシンプルだ。**ある一点を集中してじっと見つめるだけ**でいい。

まず、紙にペンで小さな点をひとつ書いて壁に貼る。それを30～40センチメートル離れたところからじっと見つめるだけだ。点の位置は目線よりちょっと下になるくらいがちょうどいい。

手近に紙やペンがない時には、ワープロソフトで点を打ったパソコンの画面を見つめてもいいし、何か遠くの一点を決めて見つめてもかまわない。

ポイントは、見つめながら静かに腹式呼吸をすること。頭に空気を送り込むイメージで、ゆっくりと息を吸って吐いてを繰り返す。

この状態で1分ほど点をじっと凝視していると、余計な雑念が排除されて意識がクリアになってくる。

勉強や仕事を始める前には必ずこの一点集中トレーニングをする習慣をつけておけば、すんなりと集中できる状態に入り、スタートから作業がはかどるのである。

また、ここぞという会議や交渉の直前にも、どこか一点を決めて1分間じっと見つめるだけで腹が据わってくる。それまでソワソワとして落ち着かなかった視線が定まり、交渉相手にも目をしっかりと合わせて話ができるようになる。

試験中に集中力が途切れてしまった時も有効だ。焦らずに試験会場の前方のどこか一点をじっと見つめれば再び集中力が高まってくる。気持ちを切り替えて、また試験に挑めるはずだ。

集中

メトロノームで集中力を高めるトレーニング

集中するのに大切な要因のひとつが周囲の「音」である。

音楽をかけたり、雑音があったりするほうが集中できるという人、雑音があると耳障りで集中できないという人などそれぞれだが、いずれにしても周囲の音によって集中力は大きく左右されてしまうものだ。

この「音」の影響を逆手にとって集中力を高めようというのが、メトロノームを使った集中法である。

メトロノームとは、一定の間隔で音を刻む音楽用具である。ピアノやバイオリンなどを練習する時に一定のテンポで弾くために使われる。

このメトロノームの音を自分の心臓の鼓動と同じくらいの速さに調整する。人によって鼓動の速さは異なるが、だいたい1分間に60回くらいと考えればいい。

カチッカチッとメトロノームがテンポを刻み始めたら、この音にじっと耳を澄ませて聞き入る。呼吸は静かに吸って吐いてを繰り返し、全身でメトロノームの音を感じるように集中するのだ。

やがて雑念が排除され、メトロノームの音だけが頭の中に響きわたるようになる。この状態になれば神経は研ぎ澄まされ、集中力は格段に高まっているはずだ。

この方法は**勉強や仕事の前、いざ集中したいという時、集中力が切れた時などに実行してみると効力を発揮する**。また、１日に数回、メトロノームを聞く時間を設けることで集中力を鍛えるトレーニングにもなる。

音楽には縁がないからメトロノームなんて持っていないという人も多いだろうが、今は無料でダウンロードできるスマホのメトロノームアプリもある。

スマホなら手軽にどこでも持ち歩けるから、職場などでもイヤホンをすれば仕事の前に集中力を高めることができる。

ＮＧなのは、聞きながら作業してしまうことだ。メトロノームの単調な音はずっと聞いていると眠気を誘ってしまうことにもなる。集中力が高まったと感じた時点で音を切って作業に取り組むようにすることだ。

集中

予定が詰まった時に使える「細切れ集中トレーニング」

「この週末はたっぷり時間があるから、日頃から後回しにしている雑用をすべて済ませよう。洗濯に掃除、庭の草取り、新聞と雑誌の整理・片づけ、買い物、たまには実家にも顔を出しておくか…」

こんなふうに意気込んでいたのに、気づけば何もしないで休日が終わってしまった——。こんな経験、誰しも心当たりがあるのではないだろうか。

逆に、「今日はスケジュールがぎっちり埋まっているけれど、どうしても次のプレゼンの資料を作らなくてはならない！」というような切羽詰まった状況だと、いろいろとやりくりしてどうにかつくった時間で、いつも以上の集中力を発揮して作業が進んだりする。

火事場の馬鹿力ではないが、一般的に人は時間がある時よりもある程度切羽詰まった時のほうが集中力が高まるものだ。それを利用して、ふだんから短時間で集中力を発揮するトレーニングをしておこう。

コツは、1日のスケジュールをなるべく細かく区切ることだ。

まずは、私生活でトライしてみよう。帰宅してから就寝まで、食事や入浴、読書などのスケジューリングをするのだ。そして、**決めたら必ずその時間内ですべて終えるようにする。これを習慣化する**のである。

職場でも同じで、まずは出勤してからお昼までの時間を区切ってみる。

出社して30分で前日の経費の整理とメールチェック、10時から1時間は企画出し、11時から1時間は資料作成…など、30分もしくは1時間単位で仕切っていこう。

もちろん、職場だと急な打ち合わせや電話がかかってくるので、常にリスケする必要はあるが、基本的には自分で決めた作業時間を守ることだ。

このクセをつけておくと、今度は長時間ダラダラと過ごすことが逆にストレスになってくる。

特に昼食をとって腹がふくれた午後には集中が途切れやすくなるので、こうした細かいスケジューリングが効いてくるはずだ。

集中

集中できる時間帯「朝」の超活用法

少し前に「朝活」という言葉が話題になったことがある。

「朝活」とは、簡単にいえばいつもより早起きしてその時間を仕事や趣味などにあてることだ。

ビジネスパーソンなら早く出社することで通勤ラッシュを避けられるという付加価値もあるし、自然と早寝にもなるため断然健康的だ。

もはや一過性の流行りというよりも、ツボにハマった人はそのまま習慣化している。それが「朝活」なのである。

朝活の効果はさまざまで、「良質な睡眠によってストレスが解消されているから頭がすっきりしている」「周囲が静か」「電話や訪問客がない」など、ざっとあげるだけでもいいところだらけだ。

特に、**打ち合わせや電話などがないことによって「集中できる時間が確保できる」**というのは大きなメリットだろう。

たとえば、４時に起床して朝食と身支度を済ませたら、４時30分～６時30分までの２時間はみっちり集中して作業ができる。この計算が立つことによって、仕事のプランが立てやすくなるのだ。

こんないいこと尽くめの朝活でも二の足を踏む人がいる理由は、睡眠時間の問題だろう。

早起きするにはどうしても早寝しなくてはならない。夜に飲み歩く習慣のある人や、もともと夜型の人にとってはこれが大きなハードルになる。

早寝早起きは習慣によって身につくものなので、月・水・金は朝活して、火・木・土・日は夜型でという使い分けはオススメできない。できるだけ質のいい睡眠をとり、毎日、早起きできるような生活を心がけたい。

もちろん「質のいい睡眠＝長い眠り」ではない。短時間の睡眠だけで驚くほど脳がすっきりすることもあるように、短い時間でも疲れは十分とれる。朝活の第一歩は、自分なりの「質のいい睡眠」を心がけることだ。

集中

余裕がある人は仕事もデキる

「人は楽しいと集中できる」。こう聞かされてピンとくる人とこない人がいるのではないだろうか。

集中力というと、眉間にシワを寄せて一心不乱に何かに取り組んでいるような状態を想像する人も多いだろう。

だが、そのイメージは間違いだ。

スポーツが好きな人なら「ゾーンに入る」という言い回しを聞いたことはないだろうか。

これは、集中が極限にまで達して、別次元のパフォーマンスを出せる状態のことを指すが、このゾーンに入った時のことをあらゆる選手が「リラックス」という言葉を口にするのである。

集中とリラックスは対極にあるように感じられるが、そうではない。ゾーンに入ったアスリートはみな、リラックスして全身の力みが抜けることで集中力が高まり、最高のパフォーマンスを出せると語っているのだ。

これはアスリートでなくても同じことだ。

「やらなきゃ、やらなきゃ」と自らを追い込んで高める集中力は、精神的な余裕がないためにふとした拍子にプツリと切れやすい。

一方、リラックスして楽な気持ちで高めると、イレギュラーがあっても対応できる余裕がある。コチコチの棒きれは曲げたら折れるが、しなやかな竹は簡単には折れないのと同じだ。

つまり、集中したい時にはまず自分が楽しめる心境になることが大事だ。それが難しければ、あえて笑顔をつくって自ら楽しい気分を演出してもいい。

「つらい」「やりたくない」という後ろ向きな気持ちは、集中力を妨げることはあっても上げることには役に立たない。

目の前の物事を肯定できる明るさを持てば、集中するエネルギーが自然と湧いてくるのである。

集中　没頭をつくるタスク整理のコツ

物事に集中できないと自覚している人は、その原因をどのように分析しているだろうか。

なかには、「緊張感のない不真面目な性格のせい」だと思っている人もいるかもしれないが、それは間違った思い込みだ。集中力のなさは、むしろ「真面目すぎる」性格に起因していることがある。

集中できない人の大きな特徴として、目の前のことに没頭できず注意力が散漫になることが挙げられる。

だが、その散漫になるモノの対象は、往々にして別のタスクだったりする。つまり、「あれもこれもすぐにやらなければならない」「早く終わらせなければいけない」と過剰に思うあまり、今ある作業に集中できなくなっているのだ。

こういう人が集中力を高めるために必要なのは性格を改善することではなく、タスクを一つひとつ整理することだ。

まずは、自分の抱えている案件をすべて書き出してみる。その中で、自分がやるべきことではないことは、しかるべき担当者に振り分けよう。

次に、残った案件に優先順位をつけてリストアップする。

この時、やってもやらなくてもどちらでもいいものは、いったんここでは捨てておいたほうがいい。

特に自分だけでは方向が決められないような物事に時間を割くのはムダなので思い切って排除しよう。どうしても必要になれば、そのうち必ず形を変えた案件として復活し、優先順位も上がってくるので、それまではリストから外してもまったく問題ない。

こうすることで、少なくとも**「やらなければいけないことで頭がいっぱい」というパニック状態からは脱することができるし、目の前の仕事に落ち着いて取り組めるだろう。**

あとは、優先順位に従ってコツコツと確実に消化していけばいいのだ。

集中

言葉の力でその気になれる「内言」とは

日本では昔から「言霊《ことだま》」が信じられている。

言霊とは、言葉に宿る見えない霊力のようなもので、口にした言葉が現実になるという独特の考えだ。

口に出して言うことで叶わない願いを引き寄せたり、また、あえて禍々《まがまが》しい言葉を口にして誰かを呪ったりもする。我々は古来より、良くも悪くも言葉の力を信じてきたのである。

ところで、心理学の世界には「内言《ないげん》」という専門用語がある。

内言とは、口には出さず自分自身の中で用いる言葉のことで、他者とのコミュニケーションに使う「外言《がいげん》」とは反対に、あくまで頭の中で考える時だけに使うものだ。

少々難しい話になったが、つまり内言は自分自身への自己暗示にもなり得るということだ。そういう意味では、古来の「言霊」に近いものがあるといっていいだろう。

そこでいえるのは、物事に集中できない人こそ、この自己暗示が効き目があるということだ。

プレーの前に「俺はやれる」「私はできる」と自己暗示をかけるアスリートは多い。それは自らをその気にさせることで、練習通りのパフォーマンスを引き出せるからにほかならない。

仕事でも**「今日はやるぞ」「絶対に終わらせる」と暗示をかける。この内言こそが、集中力をアップさせる魔法の言葉**なのである。

ちなみに、内言は心や頭の中で思うだけでなく、小さく呟いてみてもいい。一流のアスリートも独り言が多かったりするのは、内言を実際に口に出して小さく唱えているからだ。

言霊を信じてきた我々にとって、言葉に宿る力をエネルギーに変えることなど意外と簡単なのかもしれない。

集中

見落としがち？　集中の維持には姿勢をキープする筋力が大事

「成績が悪い子供は姿勢が悪い」という説をご存じだろうか。

勉強している時に肘をついたり、机に覆いかぶさるようになっていたりする姿勢の悪い子供は成績がなかなか伸びないというのだ。一方で、背筋をシャキっと伸ばして姿勢よく勉強している子供は成績がいいといわれる。

これは集中力と姿勢に密接な相関関係があるからだ。たとえば、猫背になっていれば内臓が圧迫されて呼吸が浅くなる。そうなれば、血流が悪くなって脳へ新鮮な空気が十分に届かなくなり、自然と集中力を保てなくなるというわけである。

また、背もたれに寄りかかったり、頭を前に突き出すストレートネックの姿勢になっていたりすれば、不自然に体が歪んで背骨や頸椎に負担がかかる。

その結果、腰や首を痛めれば、長時間同じ姿勢をキープすることがつらくなって集中することが困難になってしまうのだ。

集中力を発揮するのに最も適した姿勢は、椅子に深く座って背筋をスッと伸ばす姿勢である。

頭は前に突き出さずに、首の上に真っすぐに乗せる。足も組んだり投げ出したりせずに、両足を揃えて床に足の裏をしっかりとつけよう。

この正しい姿勢を保てば、集中力は自然と向上するはずだ。無意識に悪い姿勢に戻らないように、時間を決めて姿勢をチェックしてもいい。

さらに、正しい姿勢を長時間キープするためには「静的筋力トレーニング」をオススメする。

これは、ウエイトトレーニングやジョギングなどの動的な筋力トレーニングとは違って、同じ姿勢のままで筋肉を緊張させるトレーニングだ。

たとえば、片足立ちで背筋をピンとした姿勢をキープしたり、瞑想する要領で座禅の姿勢をキープしたりといったトレーニングを1日に5分でもいいから続けてみるといい。やがて筋力がついてくれば長時間正しい姿勢を保つことが容易になってくるはずである。

集中

独自のリズムで集中力アップ

仕事中、隣のデスクから妙な音が聞こえてきて、何事かと思えば同僚が膝を上下に揺らすたびにカタカタと引き出しが鳴っている――。

なくて七癖というが、この貧乏ゆすりはその代表例だろう。

もちろん、なかには自分自身にそのクセがあるという人もいるはずだ。たいていは無意識のうちにしているが、やはり周囲からはあまりよく思われない。見ていて落ち着きがないし、なんとなく自己中心的なイメージもある。

だが、この貧乏ゆすりは必ずしも悪いことばかりではない。血行をよくしたり、むくみをとったりと、特に健康面ではプラスになることが多いのだ。

さらに、それだけでなく心理面でも思わぬ効果を発揮する。というのも、こうした一定のリズムを刻むことは、集中力アップに効果テキメンなのである。

たとえば、野球選手やサッカー選手の中にはガムを噛みながらプレーする人がいる。

これは脳内ホルモンのひとつであるセロトニンを分泌させて精神を安定させる効果がある。

また、テニス選手などもプレーの間に軽く左右にジャンプするリズミカルなフットワークを見せたりする。これも、緊張をほぐして集中力を高めるのに大いに役立つのだ。

貧乏ゆすりに似たところでは、ペンをくるくる回すのがクセになっている人もいるが、これも同じだ。一心不乱な様子に周囲は不気味に思えるが、理屈でいえば回せば回すほど集中しているともいえるのである。

とはいえ、貧乏ゆすりもペン回しも、クセではないのにわざわざ取り組むことではない。それよりも、**独自の呼吸でリズムを刻んだり、体を揺らしてみたり、それこそガムを噛むなどオリジナルの方法を考えてみよう**。

大事なのは一定のリズムを刻むことだ。それを続けることによって集中力が増し、結果として効率のいい時間が過ごせるのである。

集中

子供の頃に夢中になった経験が自分だけの武器である

ビジネス本などによく出てくる言葉に「成功体験」というフレーズがある。過去にうまくいったこと、成功した時のメソッドを思い出して実行することで、物事が前向きにとらえられるといった内容だが、たしかに一度自分ができたことは、多少時間が経っていたとしてもできるような気がするものだ。

「集中力」に関しても、同じことがいえるのではないだろうか。

いや、自分は子供の頃から通知表に「落ち着きがない」「集中力が足りない」と書かれていたという人もいるだろう。だが、それは自分が苦手な勉強や運動、団体行動だったたからでもあるのだ。

たとえば、大好きなアニメに出てくる怪獣の名前をすべて覚えたり、乗り物図鑑や動物図鑑を読んだりするのはどうだったか。それこそ寝食を忘れる勢いで夢中になっていたに違いない。

成長してからも、大好きなアイドルの振りつけを覚えたり、熱の入った応援をしたりと、必ずしも勉強やスポーツでなくとも集中力を発揮するシーンはあっただろう。それが大人になると、成功体験と同じくらい失敗体験が増えるなど、悪いイメージが邪魔をして集中できなくなる。

また、ひとつの仕事に夢中になっているからといって、他の仕事を忘れるわけにはいかないし、そもそも寝ないで怪獣の名前を覚えるほど熱中できるものもない。だが、それは集中できない理由にはならない。**ほとんどの人がやればできるし、「集中できる」成功体験を持っている**からだ。

最初から「自分にはできない」と思って取り組むのと、「昔やれたことができないはずがない」と信じて取り組むのでは、その後の行動も結果も変わってくる。

ポイントは、どんなに嫌な仕事でも自分が好きでやれそうなことをほんの少しでいいから見つけることだ。

交渉は苦手だが計算は得意、調査は苦手だが整理は得意など、必ず自分が熱をもってやれることがある。それを突破口にして自分なりの集中力を発揮しよう。

集中

仕事も目標も細分化して一点集中

本番に弱いタイプは高すぎる目標を掲げるため、本番で集中力が発揮できない（P46参照）というが、毎日の仕事ではどうか。

たとえば、ふだんジョギングの習慣がない人に、いきなりフルマラソンを走れといっても無理な話だ。だが、「じゃあ、まずは5キロの完走から挑戦してみない？」となれば、やれる気が沸いてこないだろうか。

集中力が持続できない理由として、「ゴールが遠すぎてやる気がそがれる」というパターンがある。

仕事の内容そのものはさほど難易度が高くなくても、いつ終わるのかわからないという不安が意欲を半減させたりする。いわゆる「やってもやっても終わりが見えない」という状態である。

これが集中力低下の理由であれば、解決法はさほど難しくない。仕事全体を細かく区切り、小さな目標を設定して段階的にこなしていけばいいのである。

コツは、自分のやる気を保てる区切り方をすることだ。

毎日、何かしらの達成感を感じないとやる気が保てない人なら、1日で終わるくらいの作業量をひとつの区切りとしていく。

それでもダメなら午前中、午後など、細分化するのには特に決まりはない。ただ、あまりに細かすぎると全体の流れを見失う可能性もあるので、そこは気をつけたい。

また、遠すぎる目標も集中力アップには逆効果なのはいうまでもない。

「3年後に社長になる！」は現実味がないが、「3カ月後にチームリーダーになる」なら自分の頑張り方しだいで実現できる可能性がある。無謀な高望みをせず、あくまで地に足のついた目標を掲げることでモチベーションが上がるのだ。

人間のモチベーションに対して最も効果的なのは「前に進んでいる」という手応えだといわれている。

これを感じている間は十分やる気が満たされ、一つひとつのステップに集中できるというわけである。

第4章

いつも心身が充実したスタートを切る
――〈休息編〉

休息

体を重力に任せる睡眠法

布団に潜り込んで目を閉じると、あっという間に眠りに落ちることができるのは幸せなことだ。

最近は不眠で悩む人が増えている。スマホ画面が発する強いブルーライトを長時間見続けることなども不眠の原因のひとつとされているが、やはり大きいのは心のストレスだろう。

気がかりなことや心配事がある時、寝ようとすればするほどなぜかそのことが頭の中で膨張する。

考えないようにしようと思えば思うほど頭から離れなくなり、少しウトウトしただけで朝を迎えてしまうことになる。これでは快眠には程遠い。

そこで、就寝前の習慣にしたいリラクゼーションテクニックがある。寝転んで、重力に体重を任せるエクササイズだ。

まず、体をまっすぐに仰向けになって寝転ぶ。そして、体の中にある骨１本１本の重さを感じるのだ。

足の指の骨、甲の骨、かかと、くるぶし、スネ、ひざ小僧…と、足のほうからゆっくりと上がっていき、腰骨、背骨、あばら骨、肩甲骨と、頭蓋骨まであらゆる骨の重さを意識する。

これがうまくいくと、**体の裏側が重力に引っ張られているような、床に沈んでいくような感覚に襲われる。そうなった時、体の緊張はゆるみ、完全なリラックス状態になっている。**

もちろん、頭の中にあったわずらわしい心配事も骨の重さに意識を集中しているうちに薄らいでいく。完全には消えてなくならなくとも、睡眠を妨げるほどの圧迫感に襲われることはなくなるはずだ。

このエクササイズを習慣づけておくと、心と体のスイッチの入れ替えが上手になってくる。辛い状態から楽な方へセルフコントロールできるようになっておきたいものだ。

休息

引きずらない人は「1日の終わり」が違う

仕事で失敗するなどの落ち込むことがあると、感情を切り替えられずに何日も暗い気持ちを引きずってしまうことがある。

また、そこまで決定的な出来事がなくても、何となく毎日が憂鬱で、前向きな気持ちになれないこともあるだろう。

そんな気持ちのスイッチが切り替わらない時には、1日の終わりの眠りにつく前の心の持ち方を変えてみたらどうだろうか。

心理学では、人の心には自分で確認できる「意識」の領域と、意識できない「無意識」の領域があるとされているが、眠る前のウトウトしている時間はちょうどその2つの領域を行き来しているような状態にある。

目を覚ましている時には無意識の領域にフタがされているが、意識の力が弱まるとそのフタがゆるむのだ。

また、眠ることで意識の中にある情報が整理され、無意識の領域に記憶の固定が行われているという。

だから、ウトウトしながら、「今日は最悪だった」とか「あー、明日もイヤだな…」といった暗い気持ちになってしまうと、無意識の領域にその記憶がインプットされてしまうのだ。

そこで、**意識と無意識の境目をウロウロしているこの時間帯には、できるだけポジティブな気持ちになれることを考えること**だ。

イヤなことがあった日でも、ウトウトした頭で「でも、こんなこともあったから、今日はいい1日だった」、「自分はよくがんばった、えらい！」などと心の中で繰り返し唱える。

何となく憂鬱な時も、「明日はきっといいことがあるはずだ」「○○が楽しみだ」などと楽しくなることを積極的に考えるようにする。

そうすれば、いい記憶が無意識の領域にインプットされ、翌日には気持ちが上向きに切り替わるようになるのである。

休息

なんでも笑いのネタにできる人は無敵

笑うことは健康にいい。少しくらいイヤなことがあっても、笑い飛ばせば気分は晴れるし、他人に笑顔で接すると人間関係が円滑になってムダなストレスを背負い込むこともない。

じつは、笑いの効用に関する研究はさまざまな国で行われていて、ロンドン大学の神経科学のスコット教授によると、笑うことで体の筋肉がほぐれ、自然に腹式呼吸になるので酸素を多く取り入れることができるという。

また、腹式呼吸になると副交感神経の働きが活発になり、ストレスホルモンも減少する。まさにいいことずくめなのである。

もちろん、精神的にもメリットは大きい。

たとえば、誰かに傷つくようなことを言われたり、腹の立つ出来事があったりした時、それをそのまま受け止めてしまうと悲しい気持ちや腹立たしさが自分の中に沈殿してしまう。

しかし、不快なことを受け止めてしまう前に、その**出来事を笑いのネタにしてしまえば精神的ダメージは少なくなり、嫌な記憶ではなくなってくる。**

「今日、こんな最悪なことがあった」と、家族や友人に面白おかしく話して笑い飛ばせばすっきりとするし、そうすることで性格も楽観的になっていくのだ。

さらに、「わははは！」と大きな声で笑うことで、人間が持っている免疫力も活性化する。ガン細胞をやっつけるナチュラルキラー細胞の働きが活発になるという実験データもあるのだ。

定期的な運動や野菜を食べることに加えて、１日に20分の笑いの時間を取り入れることを推奨する専門家もいるほどで、さまざまな健康効果が報告されているのである。

仏頂面をしていても何もいいことはない。まずは自分からどんどん笑いかけてみると周囲にそれが伝染して、自分のいる場所があっという間に心地よい場所になるのだ。

休息

集中力が回復する正しい昼寝のしかた

職場でもどこでも「忙しい」「寝てない」とアピールする人はたまにいる。だが、「働き方改革」が注目されている昨今、さすがにその類のマウンティングは古すぎるし、もはや通用しない。むしろ、仕事が出来ない人というレッテルをはられかねないだろう。

今や、慢性的な睡眠不足で必死に残業をしているよりも、しっかり眠って短時間で集中して仕事をするほうが「デキる人」であるのは常識だ。もちろん、後者の人が忙しくないわけではない。集中力を高める方法を知っているだけだ。

そのひとつに「仮眠」をうまくとるというテクニックがある。

たとえば、昼食をとったあとは気持ちがゆるんだりしてどうしても眠くなることがある。そんな時、これまではいかに睡魔と闘うかが考えられていたが、今はむしろ昼寝をしてしまうという方法が一般的だ。

たとえば、昼休みが1時間あったら、30分で食事をして残りの時間にデスクや空いているミーティングルームなどで昼寝をする。

最近では、職場自体が昼寝タイムをもうけているところも少なくない。それだけ昼寝の効果は認められているのだ。

だが、ただ好きなように眠ればいいわけではなく、起床後にすっきりと集中するためにはいくつかの条件がある。

ひとつは、**20分以上眠らない**ということだ。それ以上は深い眠りに陥ってしまうので、起きた時に「寝足りない」という不快感が残ってしまう。

それから、もうひとつは**横にならずに眠る**ことだが、これはまさに深い眠りに陥らないためである。電車で居眠りをするように、イスやソファに腰かけたまま寝るのがいいだろう。

あとは、**15時以降になったらもう昼寝はあきらめる**こと。夕方に眠ると、体内時計が狂って夜に寝つけなくなることもある。

これらを守って正しい昼寝をすれば、昼食後も集中力アップは間違いなしだ。

休息

休息は「動かないこと」ではない

毎日仕事が忙しくて疲れているから休日に寝だめをしたり、起きてもソファに寝そべってゲームをしたりして家で過ごすという人も多いだろう。

休みの日は何もしないでゴロゴロ、ダラダラ過ごすことが最高の休息だという人もなかにはいるが、じつは何もしない「静」の状態で休日を過ごしてしまうと、逆に疲れてしまうことがわかっている。

人間の体は、昼間は活動的な交感神経が働き、夜になるとリラックスする副交感神経が働いて心身を休める。

だが、ストレスが多いと交感神経がオンの状態になっていて活発に働くため、神経細胞内に活性酸素が発生して老廃物が大量に発生するのだ。

これが疲労の原因であり、1週間働いて疲れを感じているのは体よりもむしろ交感神経のほうなのだ。これでは、いくら寝たとしても神経が休まらず、疲労はとれない。

だから、休みの日にはいつもより少し遅めに起きたとしても、部屋を片づけたり、買い物に行ったり、外に遊びに出かけるなど、じっとしていないほうが気持ちよく疲れはとれる。

このような**「動」の休息は気分転換にもなるので、副交感神経が働いてリラックスした気持ちになり、自立神経のバランスを整える**ことにもなるのだ。

また、この「動」の休息は、平日の生活にも取り入れることで、その日の睡眠の質がよくなる。仕事の合間や昼休みに会社の近くを散歩したり、帰りにプールやヨガスタジオに行ったりするなど、体を動かすことをやってみるのだ。

そんな時間もないほど忙しい人は、オフィス内を移動する時にエレベーターを使わずに階段を使ったり、駅から少し遠回りして歩いて帰ったりするのもいい。

最近は長時間パソコンに向かってする仕事が多く、それが原因で交感神経が強く刺激されているので、このような「動」の休息を意識的に取り入れることで交感神経のダメージを減らすことにもなる。

休息

内からふくらむ不快な気持ちを断ち切る

人は静かに黙っている時ほど、心の中ではさまざまな感情がうごめいていたりするものだ。

しかも、その感情は連想ゲームのように次から次へと連なって湧き上がってきて、特に不快なものほど断ち切るのが難しくなってしまう。

たとえば、

（今日、マネージャーが不機嫌だったな）

（…あっ、もしかしたら、オレが本社に転勤になるって聞いたのかな）

（…ってことは、もしかして嫉妬!?）

（…あー、ありえるかも。なんか目つきも怖かったし）

（…そういえば、そういうドロドロの展開のドラマあったな）

（…やだな）

などと、過去や未来のことに思いを巡らせてしまい、どんどん勝手に暗い気持ちに陥ってしまうのだ。

こういう負の連想ゲームが始まってしまったら、いち早く断ち切るために呼吸に集中してみるといい。

呼吸法は、ふつうの鼻呼吸でも腹式呼吸でも何でもいい。とにかく呼吸をしていることに全力で集中するのだ。

空気が鼻の中を通る気配や、肺が膨らんだりしぼんだりする様子、胸が上下する感覚などを脳に確認させるようにする。

このように**ひとつのことに集中していると、脳は他のことを考えなくなってしまう。じつは、脳は〝ながら〟が苦手なのだ。**

これは、くどくどとしつこい上司の小言や、イヤミな人の自慢話を聞かされている時などにも使える。

聞いているふりをしながら呼吸に集中していれば、話はほとんど頭に入ってこない。相手に気づかれることなく、やり過ごすことができるのだ。

休息

外からおしよせる不快な気持ちを断ち切る

ギュウギュウと混み合った通勤電車はそれだけでも不快なのに、隣にいる人のイヤホンから派手なロックが音漏れしていたり、強い香水の匂いが漂ってきたり、電車が緊急停止したり…。

そんなイライラに満ちた状態にいる時、多くの人は行き場のないストレスを募らせているものだが、なかにはこんな状況でもそれほどストレスを感じることもなく平然としていられる人もいる。

もちろん彼らの心の中を覗いてみることはできないが、おそらくその場のよくない空気が入り込む余地がないくらい、その人の心の中は〝自分の楽しいこと〟で占められているはずだ。

感情が入り込む心のスペースというのは限られていて、心の中がいい感情で満たされていると悪い感情の入り込むスペースがなくなってしまう。

逆に、「うざい」とか「イヤだ」などの悪い感情が心の中で幅をきかせていると、いい感情の入る余地がなくなってしまうのだ。

だから、自分の力ではどうにもならない状況にしばらく身を置かなくてはならない時には、どんなに小さいことでもいいからワクワクすることを考えてみるといい。

今日の晩ご飯はおいしいものを食べに行こうとか、週末に何をしようかなどと計画を立てるのもいいだろう。

アウトドアで前からやってみたかったベーコンづくりをしてみよう、出来上がるまでハンモックで昼寝して、そうだビールも持って行こう…などと、まるでもうすでに週末を楽しんでいるかのように具体的にイメージしてみるのだ。

そうすると、**小さな楽しみが心の中で大きく膨らみ、突然、精神が自由になる。**とげとげしい空気から自分の心を守ることができるのだ。

予期せぬトラブルに見舞われて、仕事が始まる前からムダな疲労をしないための自衛策として覚えておきたい。

第5章

「勝負どころ」でハイ・パフォーマンスを
――〈集中編〉

集中

「腹式呼吸」と「逆腹式呼吸」で、集中のスイッチを入れる

夜遅くまで残業して頑張っているのに作業がはかどらない…。こういう時、「はぁ」とか「ふぅ」とか無意識にため息混じりになっていないだろうか。

これは心が疲れて、もう頑張りがきかなくなっているサインである。

ストレスや不安が高まって精神的に緊張状態に陥っているため、防御本能が働いて、ため息という形で深呼吸をして何とか気分を入れ替えようとしているのだ。

しかし、ただ漫然とため息をついているだけでは、やる気はまったく起きてこない。やる気モードをオンにして一気に仕上げてしまいたいと思う場合は、意識的に深呼吸を行ってみるのがオススメだ。

トライしてほしいのは「腹式呼吸」と「逆腹式呼吸」を交互に行う方法である。

椅子や床に座っていても、立っていても構わない。立っている場合には足は肩幅

くらいに開いて立ち、床に座っている場合は軽くあぐらをかくといいだろう。座っていても立っていても、両腕は力を抜いて下に降ろしておく。

その姿勢から、まずは腹式呼吸。下に降ろした両腕を軽く外側に開きながら、鼻から息をゆっくり吸い込んでいく。ポイントは、へその下にある丹田というツボを意識しながら空気を吸い込んで腹を膨らましていくことだ。

吸い込み終わったら、いったん息を止めて、口からゆっくり「ふーっ」と吐き出していく。吸った時より2〜3倍の時間をかけて細く吐き出し、腹からすっかり空気を吐き出してしまうイメージで行うのがコツだ。

次に逆腹式呼吸。これも同じ姿勢で、今度は腹を凹ませながら鼻から息を吸い込んでいく。頭頂部に空気を送りこんでいくイメージで吸い込むといい。

吸い込み終わったらいったん息を止めて、腹を膨らませながら口から「ふーっ」と息を吐き出していく。この場合もゆっくりと時間をかけて吐き出す。

この**腹式呼吸と逆腹式呼吸を5回ずつ行うと、自律神経の乱れが整えられる。**体の中の淀んだ空気が吐き出され、新鮮な空気を取り入れるイメージで気分も爽やかになる。だらけていた心が一転して、集中できる状態に切り替わるのである。

集中

「集中できない理由」を書き出して可視化する

仕事や勉強をしていると、ここを乗り切ればその先にパーッと道が開けるだろうと思える〝勝負のしどころ〟という局面がある。

ただ、今が一番の頑張りどころだとわかっているのにどうしてもエンジンがかからない、集中できない、やる気になれない…。そんな自分の弱さと怠け心に嫌気がさすこともあるだろう。

そういう時には、何が集中することを阻んでいるのか、できない理由を紙に書き出してみることをオススメする。集中できないということは、やるべきこととまったく無関係なことに気持ちが向いていたり、不安に思っていたりすることがあるからだ。そこで、それらを**紙に書いて可視化してみる**のだ。

たとえば、あの仕事についてまだ上司に報告してないけどどうしようとか、給料日までまだ日があるのにお金がほとんどないとか、気になる人のSNSをチェックするためにスマホを見たくてしょうがない…、などだ。

このように、集中するために障害になっているものを片っ端からリストアップして、さらにその対処法も書き出しておくのだ。

対処法は、上司に報告しておかなければならないことがあるなら、後回しにせずに今すぐ済ませる。

給料日まで懐《ふところ》が寂しくて不安なのであれば、目の前の課題に集中して取り組むために外に出ないと決める。そうすれば無駄遣いすることなく、最低限の出費で暮らせるのでなんとか問題はクリアできる。

また、SNSが見たいなどという衝動に駆られてしまうのなら、我慢した自分へのご褒美とする。「この今やるべきことをしっかりとやり終えたら、その後は1日中SNS見放題」などと、自分自身への約束を書いておくのだ。

すると今までのモヤモヤ感がなくなり、心の持ち方を変えることができる。やり終えた後の喜びを想像したら、あとは一点集中するだけである。

集中

誘惑に負けないためには「やらない宣言」

何かに集中して取り組まなくてはいけない時に限って、それまで買っただけで放置していた本が急に読みたくなることがある。

人は誘惑に弱い生きもので、何か気になるものが視界に入ると、とたんに興味がそちらに向いてしまうことが多いのだ。とりわけ「今はこれをしなくてはいけない」という縛りがあると、そこから解放されたくなる。やるべきことをそっちのけで、ふだんならそれほど興味がないことまでやりたくなってしまう。

だから、何かに集中したい時には「これをやるぞ！」と意気込む前に、前の項と同じで「これ以外のことはやらないぞ！」というルールを自分に課しておくことが重要になる。

あらかじめ「ほかのことはやらない」と決めておけば、何か気になることがあっても「終わるまではやらない決まりだ」と自分に言い聞かせることができる。

たとえば、仕事の締め切り前や試験前になると、散らかっている部屋や机の上が急に目について片づけたくなるという経験がある人もいるだろう。

こういう時も「ほかのことはやらない！　今までだって散らかっていたのだから、やるべきことが終わるまでは片づけは後回し！」と口に出して自分に言い聞かせてみるといい。

口に出して言ってみることで、散らかっているのが気になるのはただの現実逃避で、じつはそれほど片づけたいわけではないと自分でも認識できるはずだ。

ほかにもインターネットで調べごとをしているうちに、つい本題とは関係のない芸能ニュースやショッピングサイトを見てしまうということがある。

気がつけば1時間もネットサーフィンで時間をムダに…、ということにもなりかねないが、これもあらかじめ「本題と無関係のサイトは見ない」と決めて、メモなどに記してディスプレイの横に張りつけておくことだ。

そうすれば、もし興味のあるサイトを見たい**誘惑に駆られても「今は見ない決まり」と自分に言い聞かせて横道に逸れるのを防ぐ**ことができるのである。

集中

散漫な時は「作業興奮」を意識する

やらなくてはいけないことがあって、早く取りかからなくてはと思っているのに重い腰がなかなか上がらない。そういう時に利用してほしいのが、「作業興奮」といわれる状態である。

作業興奮とは、何かの作業を続けていると脳が興奮して、気がつくと作業に没頭している状態のことである。

人は何もやらない状態だとなかなかやる気が出ないが、いざ行動してやり始めてしまうと興奮し、やる気が出てどんどん集中していくのだという。

たとえば、報告書をつくるのが面倒でまったくやる気が起きず、ずっと後回しにしているとしよう。

こういう時は、嫌でも何でもとにかくパソコンを立ち上げて報告書のフォーマットを画面に出してしまうのだ。

そして、15分間だけやると心に決めて取り組んでみるといい。**ある作業を15分間続けることで脳は興奮を始める**ので、15分間頑張ることができれば、あとは作業に没頭できる可能性が高い。

報告書のフォーマットにとりあえずタイトルと日付を打ち込んで、15分間報告書を書こうと努力すれば、あとは脳が興奮して作業に没頭できる状態をつくってくれるというわけだ。

こうなればしめたもので、気がつけば30分、40分…と集中して作業をこなすことができることになる。

だから、何よりもまず行動することだ。作業興奮を意識的に利用すれば、モチベーションは自然と高まり、集中力も高まっていくのである。

案ずるより産むが易しというが、「やりたくないなぁ」と悶々としながら15分間をムダに過ごすより、嫌でもとりあえず15分間やってみれば、思いのほか作業に集中してサクサクと遂行できてしまう。効率的かつ密度の濃い時間を過ごすことができるはずだ。

集中

がんばる人ほど無意識に怠けてしまう罠

目標に向かって集中して頑張っている人が、無意識に陥りやすいのが「モラル・ライセンシング」の罠である。

モラル・ライセンシングとは、モラル＝道徳、ライセンシング＝許可する、という意味が示すように「道徳的に良いことをしたから、ちょっとくらい悪いことをしてもいいだろう」と自分を甘やかしてしまうことだ。

ダイエットを例にするなら「昨日はいつもより運動したから、今日は好きなものを食べてもいいよね」とトレーニングや食事制限をサボってしまい、その日、サボったことで着実に減っていた体重が、みごとにリバウンドしてしまうこともある。

これは、勉強でも仕事でも同じ心理が働く。いつもより勉強を頑張った翌日には集中力が切れて、「頑張ったご褒美に、今日は少し怠けてもいいだろう」というサボりの心理が知らず知らずのうちに頭をもたげてくる。

結果的に、**前日にはあれほど集中して勉強できていたのが、翌日は１日中ダラダラと過ごしてしまう**のだ。

このモラル・ライセンシングの罠に陥らないようにするには、「計画的にサボる」のがオススメである。

たとえば、１日のうち「この時間帯は自分へのご褒美タイム」と決め、やるべきことをしないで好きなことをする。テレビを見るのでもいいし、漫画を読んでもいい。好きなことをして思いきり自分を甘やかすのだ。

怠け心を満足させれば「思いきりサボったから、勉強しよう」と気持ちをきり替えて、再び集中力が高まってくる。

計画的に「この時間帯はサボる」と時間を区切ることで、無意識に長時間ダラダラとムダに過ごすことも防止できる。

自分へのご褒美タイムが毎日のスケジュールとして定着しているから、何か大きな成果をあげた翌日も、その反動から「今日はご褒美で１日サボっちゃおう」ということにもならない。やるべきことに集中できる習慣を持続できるのだ。

集中

「締め切り効果」は集中力を2倍高める

小学生や中学生の頃、夏休みの宿題をやらないまま遊びまくって、気がつけば8月の最終週。「宿題が終わらないかもしれない。どうしよう！」と焦った経験がある人も多いだろう。

しかし、こういう時、人は自分でも思いもよらない力を発揮する。「絶対に終わらない」と半ベソをかいていた宿題も、バリバリと進めて何とか終わらせられるのだから不思議である。

こうした土壇場で力を発揮できるのは、「締め切り効果」によるものだ。人は締め切りが決まっていると、どうにかして間に合わせなくてはと考える。時間に制約があるほうが、より高い集中力を発揮して頑張れるものなのだ。

この締め切り効果をうまく利用すれば、ふだんから高い集中力をキープすることも可能になってくる。

つまり、意図的に締め切りの期日や時間を設定し、自分を追い込む状況をつくることで自ら集中力を引き出すのである。

たとえば、締め切りが２週間後の仕事がある場合、まだ先だと考えてダラダラと過ごし、３日前になって慌てて仕事を開始するようでは締め切りに間に合わない事態に陥ることもある。

そうなる前にその仕事をいくつかに分割し、「ここまでは絶対に２日後までに仕上げる」「１週間後の○日までに半分まで終わらせる」などと決めるのだ。こうして**細かく締め切りを設定することで、クオリティの高い短期集中を繰り返していくことができる。**

注意したいのは、締め切りをあまり先に設定しないこと。締め切りを先延ばしにすると心にスキが生まれて締め切り効果による集中力を発揮できないのだ。

また、逆に締め切りをやたらとつくってしまうと、今度は締め切りに追われてしまい余裕がなくなる。焦ることでやっつけ仕事になってしまいミスを招くこともあるから、自分に合った締め切りのタイミングを見つけることだ。

集中 ネガティブな悪感情はそのままにしてはいけない

集中力が低下してしまう要因は、イライラしていたり、不安だったりというネガティブな精神状態からきている場合が多い。

たとえば、自分に面倒な仕事ばかりを押しつけてくる同僚がいたとする。「アイツはオレにばかりこんな地味で面倒な作業を押しつけるくせに、自分は目立つオイシイ仕事ばかりをしやがって！」と腹立たしく思うだろう。

こういう状態で仕事を進めていても、怒りや嫉妬の感情が渦巻いてきて冷静に仕事を進められない。イライラして集中どころではなくなってしまうものだ。

しかも、こうしたマイナスの感情を引きずっていると、やるべきタスクがまったくはかどらずよけいにイラ立つ。「アイツのせいで集中できずに仕事が進まない！」と感じ、さらに悪感情の渦に飲み込まれていくことになる。

　とはいえ、誰にでも腹立たしいことは少なからず起こる。**マイナスの感情が起こるたびに、いちいち集中力を落としていては自分が損をしてしまう**はずだ。

　そのためにも、マイナスの感情が起こったら意識的にプラスの感情へ切り替えるように日頃から訓練することだ。

　その感情を切り替えるスイッチとして有効なのが、ネガティブな自分ではない「ポジティブな自分」を登場させるという方法である。

　もし嫌なことに遭遇したら、そのことでクヨクヨと思い悩んでいるネガディブな自分を俯瞰し、ポジティブな目線から他人事のように眺めてみるのである。

　そして、ポジティブな自分の観点から「これくらいでクヨクヨするな。これを乗り越えれば、もう一回り大きな自分になれる！」とか、さきほどの例だと「アイツはああいうスタンドプレーで周囲の信頼を失う。オレは地道に頑張ることで信頼を得て成功する！　これはチャンスだ！」と自分に言い聞かせるのだ。

　当事者としてではなく、第三者の客観的な目線で物事を捉えることで、嫌な出来事をプラスの動機に転換して考えられるようになる。するとマイナス感情を引きずらなくなり、集中力の低下を防ぐことができるのである。

集中

集中力が持続する「25分＋5分」の時間管理術

高い集中力が必要な仕事の最中に「○○さんに伝えなきゃいけない要件があるんだった。ちょっと電話しよう」とか「コーヒーでも淹れてちょっと気分転換しようかな」とか、つい気が逸れて仕事を中断してしまうことがある。

しかし、たとえ〝ちょっと〟のつもりの中断でも、一度、仕事を中断してしまうと再び集中できるまでには時間がかかってしまうものだ。

このような集中力が持続しない人は、時間をきちんと管理して生産性を上げるテクニックを導入するといい。

紹介したいのは「ポモドーロ・テクニック」という時間管理術である。

まず、タイマーと、やるべきタスクのリストであるTO DOリストを用意する。タスクは優先順位の高いものからリストに記しておこう。

そして、タイマーを25分にセットして、優先順位の高いタスクから取りかかる。ポイントは、25分以内でそのタスクを終わらせるように努めることだ。

大きなタスクは細かく分解して、25分以内でできるようにしておく。逆に、小さなタスクはいくつか組み合わせてもいい。

最も重要なのは、この25分間はやると決めたタスク以外のことはいっさいしないことだ。誰かから電話がかかってきても、25分後にかけ直すと決めておく。

あれこれと違う作業にも手を出してしまうことが集中力を妨げるトラップになるので、メールの着信があっても少し休みたくなっても**25分間は何が何でも決めたタスクに取り組む**のだ。

そうして**25分経ったら、５分間の休憩を必ず入れる**。この集中25分＋休憩５分を1ポモドーロという単位で数える。これを4ポモドーロ（2時間）繰り返し、4ポモドーロごとには15分～30分の長い休憩を入れる。この方法がポモドーロ・テクニックだ。意識的に集中と休憩を繰り返すことで、生産性が格段に上がるのだ。

ちなみに、ポモドーロとはイタリア語で「トマト」の意味である。発案者がトマト型のキッチンタイマーを使って実践したことが由来になっている。

第6章

「ベストコンディション」を取り戻す

――〈休息編〉

休息

憂鬱な通勤電車で行う「米軍流の呼吸法」

休み明けの通勤電車の中ほど憂鬱な場所はない。座ることもできず、すし詰め状態になった車内ではそんな憂鬱な気分に拍車がかかり、イライラやストレスも極限状態といったところだろう。

人間の体はストレスにさらされると自律神経が乱れ、心拍数が上がったり、体温なども不安定になったりする。当然、そんな状態で仕事をしたとしてもパフォーマンスは落ちてしまう。

そこで試してみたいのが「タクティカル・ブリージング」と呼ばれる呼吸法だ。これはアメリカの軍隊やペンタゴンをはじめとする政府組織でも取り入れられている究極のリラックス術なのである。

死と隣り合わせの極度の緊張状態に置かれるアメリカ軍の兵士たちにとって、平常心を保ち、心拍数を落ち着かせることは生き延びるために絶対必要なことである。

また、政治的な駆け引きや緊急事態に対処する政府職員たちも、その判断力を保つためにクールダウンすることが重要なのだ。

やり方はじつに簡単で、①鼻から息を4秒間吸い込み、②4秒間止めてから、③口から4秒間で吐き出し、⑤4秒間止める。大切なのは、頭の中で1、2、3、4とカウントをすることだ。

頭の中でカウントをとるのは、単純に時間を測るために行うわけではない。カウントに集中することで、外の世界の情報を遮断して雑念を払うことができる。その結果、自分の体の状態に意識が向き、リラックスしやすくなるのだ。

この呼吸法を4セット以上繰り返すことで、**心拍数や体温などの体の状態が徐々に沈静化され、理想的なリラックス状態になる**のである。呼吸するだけの簡単な方法なら、立ったままでも座っていてもいつでも手軽に行うことができる。1セット16秒×4セットなら、ひと駅分の乗車時間があれば十分だろう。

毎朝の習慣にしてしまえば、憂鬱な通勤時間が英気を養う毎朝のリフレッシュタイムに変わるはずだ。

休息

座ったらすかさず「首と肩のリラクゼーション・タイム」

「首や肩のこり」といえばストレス社会の通過儀礼のようなもので、日々緊張感にさらされるビジネスパーソンにとっては、もう「こった」状態が当たり前になっているという人も多い。

しかし、首や肩のこりは一概にストレスのせいだけというわけではない。上に乗っている「頭」の重さもその大きな原因になっているのである。

頭の重さは平均して体の重さの10パーセント程度だ。たとえば、体重60キロの人なら6キロで、5キロの米袋1つ以上の重さが常に首や両肩に乗っていることになる。筋肉が疲れるのもうなずける話だろう。

頭の重さを支える首や肩の筋肉をリラックスさせるために手軽にできるのがストレッチだ。忙しいビジネスパーソンにオススメなのは、通勤中の電車内で座席に座れた時やデスクで行えるものだ。

まず、尾骨から頭蓋骨の底辺までゆっくりと上がっていくように意識しながら背骨を伸ばしていく。

簡単な動作だが、うっかりすると背骨が丸まってしまうことに気づくだろう。パソコンやスマホの画面とにらめっこという日々の習慣が、いかに現代人の姿勢に影響しているのかがよくわかる。**前かがみの姿勢は、体の負荷を増大させているのだ。**

さらに、呼吸を止めずに、あご、目、口の周りの筋肉をゆるめる。頭のてっぺんまで、グーッと上の方につながっていくイメージで持ち上げていく。

十分にイメージできたら、背筋を伸ばしたまま、あごを胸の方にゆっくりと引きつつ頭を前に傾ける。首の後ろを意識して、背筋を丸めないようにゆっくりと呼吸し、そして首をゆっくりと持ち上げて前を向く。この間、呼吸は止めずにゆっくりとした動きを心がけよう。

「こり」は生活習慣や姿勢による影響が大きい。つまり、日々のストレッチで首や肩の筋肉をリラックスさせておけば十分に予防できるのである。「座ったらストレッチ」を習慣にすれば、三日坊主に終わることなく継続できるだろう。

休息

スケジュール地獄を救う余白のとり方

「予定通りにスケジュールをこなす」ということは、日本の社会では当然のスキルとなっている。

すべてが順調に進んでいるなら問題ないが、自分以外の人が絡む場合は、予定外のことが起きることはよくあることだ。

そんな時、あまりにびっしりと詰め込んだスケジュールで動いていると、「間に合わない！」「調整できない！」と焦ることになるし、ストレスも倍増してしまう。

予定外のことは起きて当然と考え、あらかじめそれを見込んだスケジュール管理をするのが、ストレス管理の必須条件といえるのである。

もしもスケジュール帳がびっしり埋まるまで予定を詰め込んでしまう性格なら、それを逆手にとった効果的なやり方がある。

あらかじめ、一定の時間を赤枠で囲んでおいて**「予定外を予定」しておく**のだ。つまり、スケジュール帳を間引いておくのである。

大切なのは、時間的な余裕をあらかじめ確保するために枠で囲んでおくことだ。余裕を持ったスケジュールにしようと思っても、単に空けておくだけだと結局仕事の予定を入れてしまうことになりかねない。

スケジュール帳に余白を〝枠〟で確保しておけば、意識して余裕を持つことができる。スマホアプリでスケジュール管理をしている人でも、そこにあらかじめ余白の時間を「予定」として打ち込んでおこう。

間引いた時間は、自分のために使いたい。「本屋巡り」や「カフェタイム」など具体的な予定を書き込んでおけば、実際に時間を確保しやすくなる。

万が一、その日のスケジュールが押してしまった時は、余白時間があることで調整することができるので慌てることもなくなるだろう。

一見、ムダに思える余白の時間が心に余裕を生み、それがパフォーマンスの向上につながる。一見のんびりして見えるスケジュールだが、結局は効率よく結果を出すことができる方法なのである。

休息

「手を開く」だけで焦りや緊張が緩和される

極度に緊張している場面を思い浮かべてほしい。入社試験の時の面接や重要なプレゼンテーション、苦手な上司の前に出た時など、共通していることがある。おそらく体に力が入り、縮こまっているはずだ。

たとえば、唇をかみしめたり、肩に力が入っていたりする。自信がなければなおさら身を縮めたいような気持ちになるものだし、実際力が入ってしまって身体がガチガチに硬くなっていることもある。

適度な緊張感はプラスに働くのだが、必要以上に緊張すると体が縮こまり、全身の血流も悪くなる。血流が悪くなれば酸素も行き渡らずに心拍数が上がって、さらにパニックになってしまう。これでは判断力も思考力も鈍ってしまい、ピンチを脱することも難しい。まさに悪循環なのだ。

そんな絶対絶命の場面で試したいのが、「手を開く」というじつに簡単なリラックス法である。

身が縮むような緊張感の中では、自然とこぶしをきつく握り締めてしまうものだ。これは心理学的にいって当然の反応なのだが、これがその緊張感をさらに高める結果になってしまう。

そこで、まず手を開いて、可能なら握ったり開いたりしてみてほしい。すると、**手先の末梢血管への血流がよくなり、そうしているうちに全身の血流も改善されていき、精神的にも落ち着いてくる**はずだ。

徐々に体の力が抜けてそれまでの縮こまっていた状態から抜け出せれば、最悪の状態は脱したといえるだろう。その後は、冷静に対処すればいい。

緊張している人には、「肩の力を抜いて」などと声をかけることが多いが、「手を開いて」という具体的なアドバイスのほうが実行しやすい。机の下などでもできることなので、人目につかないためオススメだ。

重要な場面であるほど、過度な緊張は命取りになる。できるだけリラックスして、平常心を保つことでベストなパフォーマンスを目指したい。

休息

手のツボを刺激して脳をリフレッシュ

ひと昔前に流行ったのが「健身球」という中国発祥の健康グッズだ。銀色の2つの小さな球を手に持ち、カチャカチャと動かす様子が記憶にある人も多いだろう。認知症予防になるとして中高年の間でブームになった。

手や指先には脳に繋がる神経が張り巡らされている。「第二の脳」とも呼ばれる手や指先を刺激することは、脳を活性化してリフレッシュする効果があるのだ。指先の刺激が効果的なのは、高齢者だけではない。ストレス社会で働く現役世代こそ、このリフレッシュ効果を積極的に取り入れる必要がある。

根を詰めて仕事をしていて疲れを感じた時には、特に手の運動をするのがいい。特別な道具がなくても手や指先は十分刺激できる。

パソコンのキーボードを使っていれば指先には刺激になっているのではと思うか

もしれないが、姿勢が固まった状態では一定の動きしかできないために、リラックスのための刺激というにはほど遠いものがある。

たとえば、両手の指を合わせて細かく動かしたり、片方の手首をもう片方の手で持ち、左右にゆっくり回転させたりするだけでも効果がある。

また、指先を下にして手の甲を合わせ、そのまま指をグイッと内側に曲げると、二の腕の方までストレッチできることを感じるはずだ。

指先に力を込めて、パッと開くのを繰り返すのもいいだろう。指と指の間をいっぱいに開くようにするには、思いのほか力が必要だ。

最後は手の力を抜いてブラブラと振って弛緩させる。できることだけでも実践すると、手や指にはいい刺激になるはずだ。

どれも簡単な運動だが、仕事の合間に行えば気分転換にもなり、リフレッシュできる。実践してみればいかに体の筋肉が固まっていたかを実感するだろう。

リフレッシュやリラックスに欠かせないのは、筋肉をやわらかくほぐすことである。その結果血流がよくなり、脳にも適度な刺激となり、良質なリラクゼーション効果を生むのである。

休息

リラックス効果が増幅する「帰宅時ぶらぶらウォーキング」

できるだけ効率のいいやり方を選ぶことが、必ずしも自分のためにならないことがある。たとえば「時間を効率よく使えば、自由時間も増えて体が休まるのでは」と思うかもしれないが、時間があっても心に余裕があるとは限らないのだ。

最短距離を選び、足取りを早めることだけを考えていたら、周囲の変化に気づくこともないし、そのことで感性を揺さぶられることもない。

心を動かすということは、「心の適度な運動」だと考えてみよう。運動不足では体が不健康になるのと同じように、心の運動不足は精神的によくない。

心が満たされていなければ、本当にリラックスした状態には達せない。マッサージを受けたり、睡眠時間を意識的に確保したりして体を休めていても、心が休まらなければ効果は半減してしまうのだ。

では、どうすればいいのかといえば、「ムダな時間」をあえてつくることだ。そこで、今日からでも簡単に実践できるのが「ぶらぶらウォーキング」である。

最近、家に帰る途中の景色をしみじみ眺めたことがあるだろうか。季節の移り変わりを身近な風景の中に感じることができているだろうか。急ぎ足で一刻もムダにせず家に帰りついたとしても、体はもちろん、心もくたびれ果ててしまう。

たまには、足取りをゆるめて顔を上げて歩いてみよう。空の色、雲の形、大気の匂いを五感いっぱいで感じ取るのだ。

周囲に目を向ければ、足早に過ぎ去るだけだったいつもの街並みの中に、人々の意外な営みがあることを実感できるだろう。

少しだけ回り道をしてもいいかもしれない。いつもと違う道を歩くだけで、近所の見慣れた風景がまったく違って見えてくる。**「知らない道を歩く」という小さな冒険が、忘れていた子どもの頃のようなワクワク感を思い出させてくれる**はずだ。

知らず知らずのうちに下を向き、足早に急ぐだけだった帰り道が、つかの間の癒しの時間として感じられるようになったらしめたものだ。

ムダに思える時間こそが、リラックスの妙薬となるのである。

休息

イラッとしたら「数を数える」「唾をのみ込む」が意外に使える

会社でなくても、集団生活というのはさまざまなタイプの人が集まるものだが、当然つき合いやすい人ばかりではないだろう。余計なひと言を言われたり、癇に障る態度をとられたりすることもあるのは当然のことだ。

そんな時、ついカッとして応戦してしまったら、周囲からの評価は「大人気ない」「気が短い」などと、ガタ落ちしてしまいかねない。

そこで、嫌な相手のために自分の評価を下げるという理不尽な事態を避けるためにも、不可抗力で出会うストレスに対処する術を身につけておく必要がある。

たとえば、最もシンプルで実践しやすいのが「数を数える」方法だ。単純に数字を頭の中で数え上げるよりも、「素数を数える」「3の倍数を数える」など、少し意識を集中しないとできない方が効果的だ。

また、特定の動作に意識を集中させる方法も試す価値がある。靴の中で足の指を開いたり閉じたりする、唾をのみ込むなど、相手に見えないようにやれればどんなことでもいい。

いずれの場合も、肝心なのは、**一つひとつの作業を頭の中で思い描きながら意識を集中させること**だ。単純な作業であっても意識して集中すれば、雑念がとり払われて興奮した感情が徐々に落ち着いてくる。

そのうえで、嫌みや挑発的な態度をされてもさらっと流して会話を続けることができれば、その冷静さが評価されるはずだ。

ただ、どうしても受け流せないような事態に直面した時は、その場を離れてもいい。物理的な距離を置けば、精神的な距離も離れるだろう。

「すみません、急ぎの案件なので電話に出てもいいですか」などと席を外す口実を見つければ、怒りが落ち着き、冷静に判断できるようになるはずだ。

短気は損気というように、カッとなってとった行動が思わぬ不利益につながることもある。クールダウンを心がけ、大人の対応で軽く受け流すことを心がけてはどうだろうか。

休息

ストレス脳を解消するには左手の運動が効果的

「ストレス脳」という言葉を聞いたことがあるだろうか。近年、日本人に増えているとしてテレビや雑誌などでも取り上げられているのだが、これは右脳と左脳の働きに関係しているのだという。

ストレスを受けた際に、健康な人の脳は左右の脳がバランスよく反応し、血流量も左右でほとんど変わりはない。ところが、ストレスを感じやすい人の脳の場合、右脳の働きが明らかに活発になり、血流量も増加する。これがストレス脳である。

右脳の働きが過度に活発になると、心拍数が上昇して発汗するなどの症状が現れる。これらはストレス反応と呼ばれ、ストレス脳の状態になると些細な刺激でも過剰に反応してしまうのだ。

会議やプレゼンなどの時に動悸が早くなり、額からは汗が噴き出て緊張からうまく話せないというのは、ストレスへの過剰反応といえるだろう。

これを解消するには、右脳がリラックスできるような軽い刺激を与えるといい。たとえば、左手を開いたり閉じたりすれば、感覚神経がつながっている右脳を適度に刺激することになる。

緊張しがちな場面になった時は、こっそりと**左手を動かしてみよう。あらかじめ右脳に適度な刺激を送ることで、正常な働きを促すことができる。**

また、疲れた時などに行えば右脳が刺激されてリラックスし、気分がすっきりするはずだ。仕事中でも簡単にできるので、日々の軽い刺激がストレス脳状態を解消するリハビリテーションになるだろう。

自宅などでは、アロマの効果を利用するのもオススメだ。好きな香りを嗅ぐことで右脳の過敏な反応が落ち着き、リラックスできる状態になるのだ。

適度なストレスはけっして悪いものとはいえないのだが、ただでさえストレスの原因が周囲に溢れている以上、些細なことでは動じないことが自己防衛になる。

ストレスもリラックスも、まずは脳の機能を正常に保つことでうまく対処することができるのだ。

休息

不安や緊張には「ナルシスト思考」で立ち向かう

人前で話す機会があると、「うまく話せなかったらどうしよう」とか「話の中味をどう評価されるか不安だ」などと感じてしまうことは誰にでも経験があるだろう。そんな時は不安が不安を呼び、過去の失敗や自分の欠点が次々に思い浮かんできて、泥沼にはまってしまいがちだ。

そんな状態で当日を迎えたら、顔はうつむき、声も小さくなり、話をすることさえおぼつかなくなってしまうだろう。しかし準備不足でない以上、評価されるのが不安というのは物事を他人の目線で考えていることの表れである。

そこへいくと自分のことが大好きで、はたから見れば過剰な自信を持っているような人は、リラックスという観点から見れば成績優秀な優等生といえる。

自信家の特徴は、自分のやることのアラを探したりしないことだ。「準備はばっちり」「うまくいかないはずがない」という気持ちがあり、当日を楽しみにさえする。

実際の話の中身はどうであれ、表情はリラックスして、身振りや手ぶりは自信にあふれているはずだ。自分はベストを尽くした、という確固とした自己評価こそが根底にあるからで、彼らの振る舞いは、「自分はベストを尽くしたのだから失敗するわけがない」という自己評価に基づいているのである。

どちらが賢明かは明らかだろう。準備を怠らないという前提でいえば、心配しても仕方ないどころかかえって不利な状況に自分を追い込む必要はない。

あれこれ思い悩んでも過去は変えられないし、自分の性格も変わるものではない。

正当な自己評価を行うことが理にかなった行動なのである。

できることを精一杯やった後は、「これだけやったら失敗するわけない」という自信を持つのだ。 ついネガティブ思考に陥ってしまうという自覚があるなら、演技でもいいから自信過剰なナルシスト思考で考えるくらいがちょうどいい。

他者からの評価を求める前に、まずは自分で自分を評価することが重要なのである。

休息

「疲れた…」と感じる時にあえて軽い運動をした方がいい理由

まだ午前中にもかかわらず「疲れた…」とつい口走ったり、だるい、かったるいが口癖で、病気というわけではないけれど常に疲労感が抜けないなど、心当たりがある人も多いだろう。

慢性的に疲労感を感じていると自宅に戻るとついゴロゴロしてしまうし、休みの日は1日中寝ていたいと思うものだ。しかし、疲労回復には軽く体を動かすことが不可欠なのである。

疲労というのは、細胞が生み出した活性酸素が、自分の細胞にもダメージを与えるというシステムで生じる。活性酸素が細胞を攻撃すると、疲労因子であるＦＦという物質が生まれるのだが、これが疲労の原因になるのだ。

運動すればこの疲労因子ＦＦは多くなる。それなら疲労が大きくなるだけではと思うかもしれないが、人間の体には自己防衛システムが備わっており、疲労因子FFに対抗する疲労回復因子のFRが同時に生み出される。

しかも軽度の運動の場合は疲労因子FFの働きよりも疲労回復因子FRの働きのほうが大きくなり、体の疲労感を回復してくれるのである。

つまり、**軽い運動をすれば、疲労回復因子FRが活発に働くことで、もともとの疲労感も回復してくれる**というわけなのだ。

目安は息が上がらない程度の運動だ。ランニングや水泳よりもウォーキングやストレッチなど、会話をしながらでも行えるような運動がちょうどいい。翌日に筋肉痛になるような運動では少し負荷がかかり過ぎている。

あえて運動の時間を確保しなくても、エレベーターやエスカレーターに乗らずに階段を使う、バスを使わずに歩くなど、毎日の生活の中で意識すれば軽い運動をすることは意外と難しくない。

軽い運動を習慣にすると、心地よい疲れで食事も美味しく感じるし、睡眠の質も上がるという好循環が生まれる。体の健康と心の健康は表裏一体といえるものであり、本当のリラクゼーションを得る第一歩となるはずである。

第7章

環境によって集中力は損なわれる

——〈集中編〉

集中

集中できてしまう場所づくり

何かに集中したいと思っても、テレビやスマホ、パソコン、ゲーム、漫画など、現代はさまざまな誘惑に溢れている。

どんなに勉強しよう、仕事に集中しようと努力しても、それらの刺激あるものが意識の中に入ってくると「そっちをやりたい」という欲望がムクムクと湧いてきて、つい誘惑に負けてしまうのである。

というのも、**人の脳は少しでも目新しくて刺激があるほうを求めてしまう傾向があるから**だ。おもしろそうなモノが視界に入ってくれば、そちらのほうに反応して焦点を合わせてしまうのは脳の習性なのである。

たとえば、テレビが目の前にあり、後ろを振り向けば寝心地の良さそうなベッドがあって、机の上にはスマホ、床には読みかけの漫画が散乱している。そんな部屋で勉強や仕事がはかどるだろうか。

ついテレビをつけてしまったり、ついベッドにゴロンと横になってしまったり、スマホや漫画に手を伸ばしてしまったり…。自分を甘やかすモノの誘惑に勝つのは至難の業にちがいない。

だから、集中したい時にはそれなりの「場所づくり」が必要になってくる。

まずは、気を逸らすモノやなまけ心を増長させるモノは部屋から排除したり、目につかないところへ移動したりすることが大切だ。

極端なことを言えば、部屋には机と椅子のみ、机の上には必要な資料と筆記用具だけという場所ならイヤでも集中できるというわけだ。

しかし、ワンルームに住んでいる人など、誘惑のまったくない部屋にするのは難しいという人も多いだろう。

そういう場合は、ベッドから遠い位置に机を設置する、リモコンを押してもテレビがつかないように本体の電源を抜いておく、パソコンのインターネットは切断しておく、スマホやゲーム機、漫画は視界から見えない場所に移動しておくなど、できるだけ誘惑に駆られない環境を整えておくことから始めてみることだ。

集中　作業している時のスマホとの距離

前述のように、今の世の中は集中したいと思ってもさまざまな誘惑で満ち溢れている。とりわけ、やっかいな敵といえばスマホだろう。いつでも身近にあるから、少しでも時間が空けば無意識にスマホを手にとっていじっている人も少なくない。

しかも、ちょっとだけだと思ってスマホを触ってしまうと、ＬＩＮＥでのトークに参加したり、ゲームアプリやＹｏｕ Ｔｕｂｅを楽しんでしまったりと、気がつけばダラダラと無用な時間を費やしてしまうことになる。

このスマホという難敵に打ち勝つためには、課題に取り組む前に**スマホを見えない場所にしまっておく**のが最も効果的だ。着信音を消してバッグの中にでもしまっておけば、視界に入ってこない分、集中力は持続する。

スマホを手元に置いておきたい人は「やるべきことを終えるまではスマホの電源

はＯＦＦにしておく」「メールやＬＩＮＥの返信は夜になってからまとめてする」など、自分なりのルールをあらかじめ決めておくのもいい。

また、仕事などでどうしてもスマホでやり取りしなくてはいけない人は「仕事関係の電話やメールは受けるが、それ以外のプライベートのやり取りは後回しにする」と心に誓っておくことも重要である。

メールやＬＩＮＥの返信をすぐにしないとつき合いが悪い人だと嫌われるのではないかと不安になる人もいるかもしれないが、メールやＬＩＮＥがくるたびにいちいち返信していたのでは作業は途切れ途切れになり集中するどころではない。

気になるようなら「この時間は仕事中なので返信できない」など、こちらの事情を事前に相手に知らせておくようにするといい。

いずれにしても、現代人はスマホに依存している人が多い。スマホから離れると逆にイライラして集中できないという人は、スマホ依存症になっている可能性があるかもしれない。

これをきっかけに「この時間だけはスマホと離れる」と決めて、スマホのない時間を過ごすことが集中への第一歩になるのだ。

集中

集中力がある人の机の上

大掃除などで部屋を片づけている時、学生時代のアルバムや懐かしいマンガなどが〝発掘〟され、片づけそっちのけで眺めたり読んだりした経験はないだろうか。

たしかに、偶然見つけた思い出の品たちにはテンションが上がる。だが、このようにやらなければならないことから脱線してしまうのは、集中力が低下する最大の要因であることは間違いない。

もちろん中断しても、また元の作業にスッと入り込める人ならいいが、たいていは一度脱線するとそのまま気持ちが途切れてしまい、「今日はもういいや」とどこか投げやりになってしまうものだ。

これを防ぐには、事前にそうならないように対策をとる必要がある。

たとえば「今日の午前中は集中して仕事をする！」と決めたら、まず、その仕事に必要なものを事前にすべてそろえておくのである。

パソコン、資料、メモ、データ、出力用の紙など、自分がこれから行う作業で使うものをあらかじめ机に用意しておく。

これを怠ると、作業の途中で「あれ？　あの資料はどこへ置いたかな」と探し物をする羽目になるし、その途中で目的とは違うモノを発見して「しまった！　これもやらなければいけないんだった」などと、図らずも別の仕事に気が向いてしまうこともある。

やると決めたら、それに没頭できる手はずを整える。そうすれば、物理的な作業で中断することはない。

ついでにデスクまわりなど、自分が集中できる場所づくりも心がけたい。

一般的には資料やペンなどが決まった場所にあるのが望ましいと考えがちだが、なかにはあまりにキッチリしているとかえって落ち着かず、少々乱雑なほうがいいという人もいる。

いずれにせよ、自分が最も集中できる条件を知っておくことは強力な武器になるのだ。

集中　聴覚、視覚…、五感の刺激が集中を乱す

街のカフェなどでパソコンやタブレットを置いて仕事をしているビジネスパーソンをよく見かける。

気分転換など理由はいろいろあるだろうが、なかには静かすぎるとかえって落ち着かないという理由で、あえてザワザワしている空間での作業を好む人もいるようだ。

だからといって、大声で騒ぐグループが隣にいても集中できるかといえばそうではないだろう。会話そのものも耳障りだし、そこで騒ぐ人々のしぐさや振る舞いまでもが視界の中に入ってきて、イヤでも気になってしまうはずだ。

集中できない時というのは、たいてい五感に別の刺激や違和感がある時だ。

わかりやすい例でいえば、「道路工事の騒音がひどい」「エアコンの効きが悪い」

「テレビがついている」などである。

やはり集中力を高める環境にするには、これらの障害はないほうが好ましい、とりわけ「静けさ」はある程度必須条件だといえるだろう。

そういう意味では、集中力を高めやすいのは断然「早朝」か「夜」である。

まず、それらの時間帯は外部の刺激が少ない。道路工事の音もしなければ、電話がかかってくることもない。暑い、寒いといった気温の調節も日中よりはしやすいだろう。

また、刺激が少ないという点では、ある程度すっきりと片づいた空間で作業をするのが望ましい。ゲーム機やマンガ、テレビ、雑誌など、誘惑されやすいものが目につく場所にあると、どうしても視覚がそれを捉えて気が散ってしまう。

ただし、まったくの無音がいいか、多少は何か少しでも音がある方がいいかは、人によって異なる。

無音だと逆に落ち着かないという人の中には、テレビをBGM代わりにするという人もいるが、視覚と聴覚の2つが刺激されてしまうのでオススメしない。それよりは、ボリュームを低くしてラジオ番組や音楽などを聴き流すほうがいい。

集中

作業中はクラシック音楽がオススメ

たとえば、お風呂に入っている時、水の音を聞いている時、軽く目を閉じて瞑想している時を想像してほしい。

なんとなく気分がゆったりとして、心身がリラックスできるこんなシチュエーションを多くの人は「気持ちいい」と感じるのではないだろうか。その証拠に、そんな時の人間の脳からはアルファ波が出ている。

アルファ波とは脳波の波形のひとつで、まさにリラックス状態になると出ることで知られている。

一方で、集中力が高まっている状態でもアルファ波は発せられるため、ひらめきや想像力にも大いに影響する。入浴中に急にアイデアが湧く…などというのは、その相乗効果の典型的な例だ。

こうした脳の状態は、意図的に引き出すことができる。その方法のひとつが、作業中に効果的なＢＧＭを流すことだ。

もちろん、ＢＧＭならどんな音楽でもいいわけではない。ブルガリアのロザノフ医学博士は、「クラシック音楽を聴きながら学習すると学習効果が高まる」との説を唱えている。

歌詞がなく、心地よいと感じる楽器の音色が響くクラシック音楽は、脳をリラックス状態にしてくれる。特に男性はモチベーションが上がる交響曲、女性はシンプルで美しい旋律のピアノ曲などが脳の波長に合うともいわれている。

オペラなど歌声の入っている曲でもかまわないが、母国語だとどうしても歌詞の内容に引きずられ、注意が散漫になるケースもあるので、意味のわからない外国語のほうが無難だろう。

作業と同時にＢＧＭを効果的に流せば、脳はリラックス状態になりアルファ波が出てくる。

そうすれば集中力もグッと高まり作業に没頭できる。どうしても気分が乗らない時は、ぜひ音楽の力を借りてみてほしい。

集中

気が散る音をかき消す方法

「隣の部屋から聞こえてくるテレビの音が耳障りだ」「自宅の前の通りが工事中で重機の音がうるさい」など、聴覚が刺激されて集中力が下がることはよくある。原因となっている音が消えれば解決するのだが、音はなかなか止む気配がない。ご近所同士のトラブルは避けたいし、かといって音が邪魔で集中できないし…。

こんな場合の対処法としてオススメなのが、気が散る音を別の「ノイズ」でかき消してしまう方法だ。

視覚でも聴覚でも、人の感覚は相対的なものである。視覚でいえば、暗い部屋から明るい部屋へ移ると、とても眩しく感じてしまう。しかし、その明るい部屋にずっといれば、それほど眩しいとは思わなくなってくるものなのだ。

聴覚もこれと同じで、同じ音でも別の音がうるさい場所ではそれほど気に障らなくなる。

たとえば、電車の中で隣の人のヘッドフォンから漏れる音楽は耳障りだと感じる。

だが、これが大音量の音楽や人々の歓声が響くライブ会場なら、隣の人から漏れ聞こえるヘッドフォンの音なんてほとんど聞こえず気になることはない。

だから、隣の部屋から聞こえてくるテレビの音が耳障りなら、それをかき消すような別の音を自分で流せばいいというわけだ。

大切なのは「意味のない音」を流すということだ。

テレビの音や誰かの話し声といった雑音は、人の脳に刺激を与える「意味のある音」である。意味があるから気が散る原因になってしまうわけで、**脳に刺激的な音をシャットアウトするためには、意味のないノイズを流すほうがいい**のである。

意味のない音としては、雨の音や波の音、小鳥のさえずりなど、脳に刺激を与えない自然の音が効果的だ。こうした自然の音を集めたＣＤなどもたくさん販売されているから用意しておくと便利である。また、最近ではＹｏｕ Ｔｕｂｅなどにもこれらの音がアップされているので、試してみるといい。

集中

色効果による脳への影響

気がつかないうちに集中の妨げになっている原因として、部屋のインテリアが関係している場合がある。

なかでも、部屋の色調は集中に大きく影響する。

たとえば、赤やオレンジといった暖色系の色は、神経を刺激し交感神経を興奮させるといわれている。

そのため、一時的にテンションが高まって集中力がアップするが、集中力を持続させるには向かない色だとされている。

また、ビビットで開放的な黄色は、アイデアに困った時などに閃きや新しい発想を思いつかせてくれる色だという。

では、**最も集中力を高めるのに適した色は何かというと、答えは「ブルー」であ**

る。

ブルーには気持ちを落ち着かせて、興奮を鎮静させてくれる効果がある。じっくりと何かに取り組むために、最も集中力を持続させてくれる色なのである。同じように、水色や青緑色などの同系色も効果的だ。

だから、部屋のインテリアが暖色系でまとめられている場合には、ブルー系のインテリアに模様替えしてみると集中力が一気に高まる。

思い切って壁紙やカーテンなど面積の大きいものを変えてもいいし、それが難しい場合にはいつも視野に入るちょっとした小物や机の上のマグカップなどをブルー系にしてみてもいい。椅子の背もたれにブルー系の服をかけておくのも手だ。

職場などでは、パソコンのデスクトップの壁紙を青空や海の画像にするというのもいいだろう。仕事を開始する前にデスクトップの画面を見て気持ちを落ち着かせてからタスクに取り組めば、ケアレスミスなどの失敗も減らせるはずだ。

試験会場や取引先などアウェイの場所では、文房具などをブルー系にしておくのもいい。青いペンや青いカバーの手帳などを選んでおけば、ここぞという集中力が必要な場面で期待できるだろう。

集中

「座りっぱなし」は集中力にも悪い

ある調査によると、日本人がイスに座っている時間は世界主要20カ国で最も長いのだとか。

しかし、長時間イスに座っていることは、高い集中力を維持するためにはマイナスである。

なぜなら、長い間座っていると体の代謝機能や血液の流れが悪くなり、結果として集中力や作業効率の低下を招くからだ。最悪の場合、血液の流れをドロドロにして健康へのリスクを高めることにもなる。

一方で、**立ったり歩いたりしている時には足の筋肉がよく働き、血流もよくなる。頭の中がクリアになり集中力も作業効率もグンと高まるので、立ったままで作業をするほうがメリットは大きい**のである。

だから、イスに座って何かに取り組んでいる時に「集中力が途切れてきたな」と感じたら、とりあえず立ち上がることが手っ取り早く集中力を回復するコツだ。

さらに高い集中力を持続したいなら、血流が滞らないようにするために15分に1度はイスから立ち上がるようにするといい。立ち上がると座位よりも自然と姿勢もよくなり、気分もシャキッとする。

そして、トイレに行く、コーヒーを淹れる、コピーをわざととりに行く…など、なんでもいいから足の筋肉を動かすようにしてみることだ。

そんなに仕事を中断していては作業が進まないと思う人もいるだろうが、どっしりと座り続けているよりもこのほうが集中力が格段に高まるのである。

今ではミーティングや会議は立ちながら行うという会社も多い。それまで座りながらダラダラと長丁場になりがちだった会議が、立ったままだと皆が集中して短時間で内容の濃いものになるという。立ったままの姿勢で仕事を行えるようにスタンディングデスクを用意している会社も増えている。

「そういえば、自分は座っている時間が長いな」と思いあたるフシがある人は、まずは座りっぱなしを脱却して立ち上がってみよう。

第8章

自然と休まる居場所づくり

——〈休息編〉

休息

「物理的に広い場所」がネガティブな感情を解き放つ

怒りや悲しみ、憎しみや妬みなどネガティブな感情にさいなまれていると、どんどん視野が狭くなりドツボにはまるという経験はないだろうか。怒りなどに支配されている時は他のことが考えられなくなり、客観的な判断力も失ってしまう。

何かとストレスの多い現代社会に生きている以上、ネガティブな感情を抱くなというのは不可能だとしてもその受け止め方しだいでその後の行動は大きく変わってくる。

避けたいのは、ひとりで悶々とその思いと向き合ってしまうことだ。まるで自分の存在が価値のないように思えたり、逃げ場のないような閉塞感を感じたりしてしまうのだ。一時ならそれも無理のないことだが、果てしないマイナス思考に陥っていくことでさらなるストレスが生まれ、結果的に人間関係を悪化させるなどかえって自分の立場を追い込むことにもなりかねない。

とはいえ、ややこしくこじれてしまった感情を解きほぐすには、ダイナミックな思考の転換が必要になる。

そこで、マイナス思考にとらわれているなと感じたら、まず物理的に広い場所に身を置いてみよう。日々忙しくてそんな時間がないという人でも仕事帰りに夜空を見上げるだけならできるはずだ。

都会では星空を眺めることもできないとあきらめるのは早計だ。足早に自宅を目指しているその足を止めて見上げてほしい。目が慣れてくると意外なほど星が見えてくる。遠い彼方で光る星の輝きが自然と気持ちを落ち着かせてくれるはずだ。

また、海や川でもいい。**目の前に広がっている景色を見るだけでも気分が変わってそれまでのネガティブな感情が自然と収まってくるのだ。**

「物理的な広い場所」から受ける影響を侮ってはいけない。簡単にできる方法なので試す価値はあるはずだ。広がる果てしない光景を感じながら深く深呼吸をしてみよう。いつの間にか心が軽くなって、それまで縮こまっていた視野が一気に広がるのを感じられるかもしれない。

休息

20分の運動が無理なら、緑の中で5分間ウォーキング

朝から晩までオフィスで働き、外出するのは取引先に行く時と昼食の時くらいという人は、都会のビジネスパーソンなら珍しくもないだろう。休憩もなかなか取れないという場合もあるだろうが、人間の集中力はそれほど持続するものではなく、作業中でも適度にリフレッシュすることが効率アップには欠かせない。

しかし、忙しい毎日の中ではリフレッシュのためでもそんなに長時間かけることができない。そこで実践してみてほしいのが緑の中の「5分間ウォーキング」だ。

一般的に、運動の効果を得るには**20分程度の有酸素運動が必要といわれている。ところが、緑の中で行う運動の場合は、5分間で同程度の効果が得られる**という研究結果があるのだ。

これを応用すれば、都会のオフィスにいる時でも手軽にリフレッシュすることが

できる。近年では都市の緑化政策もあり、公園や街路樹などの緑が随分と整備されているはずだ。５分間、その中をゆっくりと歩くだけでも効果は十分なのである。

また、イギリスの大学が行った調査によれば、緑の中のウォーキングは最初の５分間で脳の疲労感がとれていくことがわかっている。長時間歩いてもこの効果には変化がないため、５分間のウォーキングが最も効率的なのである。

ウォーキングを行う時間帯を選ぶことができるなら、午前中がオススメだ。太陽の光を午前中に浴びることで、セロトニンの分泌を活発にすることができる。

セロトニンは脳内の神経伝達物質のひとつで、集中力を高め、ストレスを軽減する働きがある。不足すると心のバランスを崩しやすくなったり、睡眠の質が低下したり、体調が悪くなったりすることもある。

午前中に日光を浴びるというのは、動物本来の生体リズムには当たり前のことなのだが、夜型生活に傾きがちなビジネスパーソンは意識して行わなくてはなかなかできないことだろう。

緑の中の５分間ウォーキングは集中力を保つのに留まらず、心と体のバランスを保ち、健康的になるという手軽でお得なリフレッシュ法なのである。

休息

自然治癒力を高める〝ゆらぎ効果〟

ちょっとしたケガなら放っておいてもしばらくすると治るように、人間の体には自然治癒力がある。

同じように、日常生活の中の疲れも本来なら休息することで自然に癒されていくものなのだが、ストレスの多い生活を送っているとその治癒力が追いつかず、知らず知らずのうちに疲れを溜め込んで過労になってしまうことになる。

そこで、自然治癒力を高めるために、日常生活にたくさんの「ゆらぎ」を取り入れてみるといい。

ゆらぎとは、物理学的には「平均値の前後でたえず変動している現象」のことで、たとえば不規則に降り注ぐ木漏れ日や、小川のせせらぎ、そよ風などの不規則な変化のことをいう。

このような**ゆらぎの中に身を置くと、心身をリラックスさせる副交感神経の働きが活発になり、脳にもリラックスしている**ことを示すアルファ波が出る。そのため疲労回復が促されるのだ。

だから、森や林などで過ごすとリフレッシュできるのだが、都会で多忙な日々を過ごす人でなくても、毎日そんな場所に行くことは不可能に近い。

それならば、せめて天気のいい昼間に公園に行ってみるなどして少しでもゆらぎを取り入れるようにしてみたい。

公園の木の下で風に揺れる葉っぱを見上げてもいいし、目を閉じて顔に当たる風を感じるだけでもいい。自然の風は、常に強さや方角が微妙に変化しているので、扇風機などの人工的な風にはない心地よさがあるのだ。

また、バイオリンやハープの音色、モーツァルトやドビュッシーなどの音楽、ローソクや焚火の炎の揺れ、樹木の年輪にもゆらぎが含まれているので、BGMにしたり、じっと見つめているだけで心が安らぐという。

1日に一度はスマホの電源を切って、ゆらぎの中に身を置くことを習慣にしたい。

休息

免疫力や代謝を上げる「足を温める」方法

「温活」という言葉をご存じだろうか。特に若い女性たちの間で体を温めて冷えを予防することが手軽な健康法としてブームとなっている。体を温める活動、だから温活である。

食事から衣服にいたるまで、「温める」というのはもはや健康法としては常識となっているのだが、これが仕事のパフォーマンスにまで影響があるというのだから見逃せない話だ。

大切なのは「足を温める」ことだ。これが手軽で効果絶大な休息法なのである。

こたつなどに入って足が温かくなると、体全体もぽかぽかと温かくなり、ついつい眠くなってしまうという経験がある人も多いだろう。

じつは、**人間には眠る前に手足などの末梢血管から熱を放出し、入眠の準備をす**

るという機能がある。**足を温めると眠くなるのは、これに似た状態がつくり出された結果**ということになる。

常に眠くなっていては仕事にならないが、休憩中やリフレッシュしたい時などはこの原理が応用して深くリラックスすることができるのだ。

たとえばレッグウォーマーなどを利用して、ふくらはぎ全体を温めてもいいだろう。素材選びも重要で、レーヨンやポリエステルなどの化学繊維よりも、コットンやシルクといった天然素材がオススメだ。

もう少しスピード感が欲しければ、カイロを利用する手もある。小さめの使い捨てカイロを靴下の上から貼ってもいいし、電気カイロなら繰り返し使える。どちらも温度が高くなるので低温やけどには注意が必要だが、短時間で温められるメリットがあり、休憩時間が限られる仕事中には使いやすいといえる。

女性にとっては当たり前のテクニックかもしれないが、一般的に男性は「体を温める」ということに無頓着な人が多いようだ。

身体が冷えると免疫力や代謝が落ちることもわかっている。健康になるうえに仕事の効率も上がるとすれば試さない手はないだろう。

休息

「先を譲る」とリラックスの関係

朝のラッシュ時の駅はけっこう危険だ。電車のドアが開いたとたん、人にぶつかるのもお構いなしに人混みの中をかき分けて進む人がいたりして、しかもそれを舌打ちしてとがめる人もいる。

このようなピリピリとした空気の中にいると、誰しも不機嫌になってしまうものだ。あからさまに態度に表れていなくても、会社に遅れないようにと多くの人が余裕をなくしている。

そのせいで、見ず知らずの他人に対して「そっちがそのつもりなら…」と競争心が芽生え、特に急いでいるわけでもないのに他人を押しのけて先に行こうとしてしまうのだ。

しかし、そんなことをしてもたいして早く目的地に着くわけでもなく、ただ不快な気持ちを増幅させてしまうだけで、そのためにイライラした状態から仕事をスタートするはめになってしまう。

そうなると気持ちが落ち着かず、集中できないために仕事にも悪影響を及ぼしてしまうはずだ。

しかし、そんなストレスフルな通勤時間でも、自分から他人に先を譲るという心がけと行動を忘れなければとたんにイライラから解放される。

闘争心むき出しでちょっとこらしめてやろうかと思う相手にも「お先にどうぞ」の精神で先を譲るだけでいいのだ。

すると、今まで自分はいかにどうでもいいことで不機嫌になっていたのかということに気づくようになる。

また、電車に乗るのも降りるのも、改札を出るのも**自分は最後でいいと思っていれば、周囲を見渡す余裕が生まれ、平穏な気持ちでいられるようになってくる。**

これは、たくさんの人がイライラしている環境の中で、自分1人だけがバリアを張ってリラックスするという高度なテクニックなのである。

休息

リフレッシュできる休日のポイントは「非日常感」

ふだんは朝から晩まで働き、帰宅しても家事や雑務を片づけて寝るのが精一杯という人が多いだろう。となると、休日は身体と心の休息のための貴重な時間になる。いつもよりゆっくり起きて睡眠不足の解消に励む人もいれば、せっかくの休日だからと朝から買い物や遊びに出かける人もいる。

いずれも休日の過ごし方としては間違っていないのだが、振り返ってみれば結局どの休日も同じような過ごし方をしてはいないだろうか。

リフレッシュという観点から考えれば、平日とは違う非日常感を味わうことが大切になる。休日の過ごし方がワンパターンになっていると、せっかくの非日常感が薄れてしまうのだ。

そこで、簡単に非日常感を出すには、自分以外の人が考えた休日のプランを実行することだ。

家族では結局行動パターンが似てしまうので、友人にお願いできたらベストだろう。おそらく起床時間や食事のタイミング、交通手段という基本的なことをとっても、今までとは違う新鮮なプランを手に入れることができる。

あるいは、よく読むブログや雑誌などに取り上げられた休日の過ごし方をまねてみるのもいいだろう。その際には、極力ふだんの過ごし方とは真逆のイメージのものを選びたい。

オフィスで座りっぱなしの毎日ならアウトドアやスポーツで体を動かせるもの、人が多い職場で気疲れしているなら一人でのんびり図書館や美術館に行くなど、特別難しいことをしなくても非日常感は演出できる。

いつもと違う過ごし方をすれば、体は疲れるかもしれない。しかし精神的にはリフレッシュできるので、その疲れはむしろ心地よく感じるはずだ。とはいえ休日の度に実行するとかえって疲れてしまうので、月に1回程度でも十分だ。

非日常に浸って身も心もリフレッシュできれば、眠りも心地よいものになる。翌朝から始まる日常生活もスムーズにスタートできるだろう。

○参考文献

『ビジネスの9割は集中力で決まる！』（森健次朗／ゴマブックス）、『40歳からの「不思議なくらい元気が出る１００のリラックス法」』（小池能里子／三笠書房）、『一歩先を行く　集中力』（佐々木豊文／明日香出版社）、『「感情の整理」が上手い人のリラックス術』（和田秀樹／新講社）、『「ゆっくり動く」と人生が変わる』（小林弘幸／ＰＨＰ研究所）、『一流の集中力　イチロー、中村俊輔も実践する「本番力」の鍛え方』（豊田一成／ソフトバンククリエイティブ）、『頭をスッキリさせる頭脳管理術』（樺旦純／ＰＨＰ研究所）、『リラクセーション　緊張を自分で弛める法』（成瀬悟策／講談社）、『ストレスは集中力を高める　過度なストレスをほどよいストレスに変えるワーク』（上岡勇二／芽ばえ社）、『3秒間リラックス』（ミナ・ハミルトン著、佐々木雅子訳／ディスカヴァー・トゥエンティワン）、『一点集中力』（伊藤真／サンマーク出版）、『休む技術』（西多昌規／大和書房）、『一流の人はなぜそこまで、コンディションにこだわるのか？』（上野啓樹、俣野成敏／クロスメディア・パブリッシング）、『自分を操る超集中力』（メンタリストＤａｉＧｏ／かんき出版）、『やわらかな頭、もっと動ける身体のための!最強のリラックス　システマ・リラクゼーション』（北川貴英／マガジンハウス）、『一個人』（2016 SEP、NO.192／KKベストセラーズ）、朝日新聞、読売新聞、日本経済新聞、夕刊フジ、ほか

○参考ホームページ

コクヨ株式会社、ワタシプラス、gooヘルスケア、ほか

青春文庫

「結果《けっか》」を出《だ》せる人《ひと》だけがやっている
秘密《ひみつ》の「集中法《しゅうちゅうほう》」最強《さいきょう》の「休息法《きゅうそくほう》」

2018年7月20日　第1刷

編　者　知的生活追跡班《ちてきせいかつついせきはん》

発行者　小澤源太郎

責任編集　株式会社プライム涌光

発行所　株式会社青春出版社

〒162-0056　東京都新宿区若松町 12-1
電話 03-3203-2850（編集部）
03-3207-1916（営業部）
振替番号　00190-7-98602

印刷／中央精版印刷
製本／フォーネット社

ISBN 978-4-413-09701-7

万一、落丁、乱丁がありました節は、お取りかえします。

ほんとうのあなたに出逢う　青春文庫

ヨソでは聞けない話
「食べ物」のウラ
㊙情報取材班［編］
解凍魚でも「鮮魚」と名乗れるのはなぜ？ほか、カシコく、楽しく、美味しく食べるための必携本！
(SE-696)

失われた世界史
封印された53の謎
歴史の謎研究会［編］
世界を震撼させた「あの事件」はその後…。ジャンヌ・ダルク、曹操の墓、ケネディ暗殺…。読みだすととまらない世界史ミステリー。
(SE-697)

「おむすび」は神さまとの縁結び!?
暮らしの中にある「宮中ことば」
知的生活研究所
宮中などで使われていた上品で雅な言葉。じつはその心は今も息づいています。〝雅な表現〟の数々を紹介！
(SE-698)

伸び続ける子が育つお母さんの習慣
高濱正伸
「将来、メシが食える大人に育てる」ためにお母さんにしかできないこととは？ 10万人が笑い泣いたベストセラー、待望の文庫化！
(SE-699)